QIYE GUANLI YU QIYE WENHUA

技工院校通用职业素质课程实验教材

U0816204

企业管理与企业文化

（修订版）

主编 单伟 何语华

中国劳动社会保障出版社

图书在版编目（CIP）数据

企业管理与企业文化 / 单伟，何语华主编 . -- 2 版（修订版）. -- 北京 : 中国劳动社会保障出版社，2023

技工院校通用职业素质课程实验教材

ISBN 978-7-5167-6244-8

Ⅰ. ①企…　Ⅱ. ①单…　②何…　Ⅲ. ①企业管理 - 技工学校 - 教材②企业文化 - 技工学校 - 教材　Ⅳ. ①F272

中国国家版本馆 CIP 数据核字（2023）第 233042 号

中国劳动社会保障出版社出版发行

（北京市惠新东街 1 号　邮政编码：100029）

*

北京市艺辉印刷有限公司印刷装订　新华书店经销

787 毫米 ×1092 毫米　16 开本　12 印张　206 千字

2023 年 12 月第 2 版　　2024 年 5 月第 2 次印刷

定价：28.00 元

营销中心电话：400-606-6496

出版社网址：http://www.class.com.cn

http://jg.class.com.cn

版权专有　　侵权必究

如有印装差错，请与本社联系调换：（010）81211666

我社将与版权执法机关配合，大力打击盗印、销售和使用盗版图书活动，敬请广大读者协助举报，经查实将给予举报者奖励。

举报电话：（010）64954652

前言

技能人才是我国人才队伍的重要组成部分，也是实施人才强国战略、就业优先战略和创新驱动发展战略不可或缺的支撑力量。着力培养高素质劳动者和技术技能人才，对于迈入新时代，培育新动能，实现经济社会高质量发展具有十分重要的现实意义。

党中央、国务院高度重视技能人才队伍建设。党的二十大报告提出，培养造就大批德才兼备的高素质人才，是国家和民族长远发展大计，强调“努力培养造就更多”高技能人才。国务院《关于推行终身职业技能培训制度的意见》中，明确提出要“强化工匠精神和职业素质培育”。技工院校是培养技能人才的摇篮。加强通用职业素质课程建设，是弘扬劳动精神、劳模精神和工匠精神，促进学生养成良好职业素质的有效途径，更是强化“德技并修、工学结合”育人机制，落实立德树人根本任务，提高技能人才培养质量的重要举措。

通用职业素质是从业人员除岗位所需要的专业知识和技能外，在职业活动中所表现出来的最关键、最核心的综合品质和能力，是从业人员职业理想信念、职业基本意识、通用职业能力、通用职业知识等方面的综合体现。技工院校通用职业素质课程由自我管理、自主学习、理解与表达、交往与合作、信息检索与处理、企业管理与企业文化、就业指导与实训和创业创新指导与实训等模块组成，着重体现职业素质在宏观意识和一般方法上的导向作用，为专业课程中的职业素质融合运用提供方法论基础。通过公共必修课的系统学习和专业课程的情境应用，从而在学生职业素质培养上形成双管齐下的叠加效应。

本课程以学生终身职业发展为目标，以实用性、有效性和综合性为原则，根据职业发展所需要的各项通用职业素质构建课程体系和内容，以学生为主体进行教学设计并安排教学活动，强化学生通用职业能力的培养。

表现出以下几个鲜明特点：

第一，以学生需要为中心。课程内容设置紧密围绕学生在职业素质方面的主观需要和客观必需，帮助学生明确学习目标，确立养成途径，最终适应社会、适应岗位和适应职业发展。教学活动注重突显学生的主体地位，通过引领学生自主探究和实践，获得价值体验，在行动中内化观念、意识和知识，逐步掌握方法，增强能力，提升素质。

第二，以职业发展为核心。课程目标设定、模块架构、教学实施和学习评价均指向帮助学生获得更好的职业发展。课程的功能定位是在职业理想信念驱动下的职业基本意识和通用职业知识的综合运用，为学生就业、转岗、创新创业提供支撑，满足学生职业发展的素养要求。

第三，以能力培养为重心。坚持以能力本位、问题导向为原则，课程内容不追求知识体系的完备性，不灌输不必要的概念性、理论性知识，尽量避免生硬的理论阐述。聚焦解决职业活动中的实际问题，将知识传授与能力训练相结合，通过案例分析、任务引领、项目训练等活动教学，重在培养通用职业能力，侧重考查实践过程和结果，引导各项素质培育有机融合，相互促进。

通用职业素质课程是全新的课程，教材也在实验与完善中，希望各地各校在教学实验中总结经验，提出修改和完善的建议。

本课程提供配套线上资源，可登录 http://jg.class.com.cn 观看或下载。

编者

2023 年 8 月

目录

绪论　做合格的企业人 / 01

第一单元　企业及其经营模式 / 13

>>> 第一课　企业及其法律形式 / 14

>>> 第二课　企业的组织结构 / 28

第二单元　市场营销 / 41

>>> 第一课　市场目标定位 / 42

>>> 第二课　市场营销策略 / 58

第三单元　产品决策 / 75

>>> 第一课　产品生命周期及产品定价 / 76

>>> 第二课　产品决策 / 86

第四单元　生产与物流 / 103

>>> 第一课　企业生产过程 / 104

>>> 第二课　制造企业物流和零售企业物流 / 117

第五单元　融入企业文化 / 127

>>> 第一课　企业文化内涵 / 128

>>> 第二课　将企业文化融入日常工作 / 141

第六单元　实现自我提升 / 151

>>> 第一课　弘扬优秀企业文化 / 152
>>> 第二课　塑造卓越员工品质 / 169

绪论　做合格的企业人

学习目标

- 了解学校和企业诸多方面的差异，理解企业作为社会经济组织的特殊性。
- 了解从学生到企业员工需要完成哪些方面的转变。
- 认识学习企业管理与企业文化知识的必要性，掌握本课程的学习方法。

翻转课堂

现在我们是在校学生，进入企业后就成了企业员工。请以“如何适应未来企业生活”为题，以优秀校友、优秀企业员工、职业指导师等为对象，开展访谈活动，了解做一名合格的员工该如何适应未来企业工作。把访谈内容整理出来，分小组进行交流，并总结讨论成果。

1. 访谈记录

访谈时间		访谈对象		访谈方式	
内容要点					

2. 小组讨论记录

讨论时间		主持人		讨论方式	
讨论成果					

本课导读

- 做合格的企业人
  - 了解企业的特殊性
    - 企业是工作场所
    - 企业是一个利益共同体
    - 企业是一个“小社会”
    - 企业是提高工作技能的场所
  - 认识企业员工评价的导向
    - 学校和企业需要的能力不同
    - 学校和企业的评价标准不同
    - 学校和企业的评价维度不同
  - 完成从学生到企业员工的角色转变
    - 从个人导向向团队导向转变
    - 从情感导向向职业导向转变
    - 从兴趣导向向责任导向转变
    - 从思维导向向行为导向转变
  - 从认识企业开始
    - 企业及其所属行业的基本情况
    - 企业的产品与服务
    - 企业经营目标与发展规划
    - 企业生产运营管理情况
    - 员工管理与企业文化

师生连线

学生：老师，我们即将毕业，马上就面临企业招聘和就业。展望未来，我们心中既有一些期待与好奇，又有几分紧张与忐忑。

教师：那你们因为什么而紧张忐忑呢？

学生：我们从小就在学校学习和生活，对企业这样一种组织还是比较陌生的，不知道怎样才能融入新的环境，适应未来企业的工作和生活。

教师：学校与企业不同。首先，我们要了解企业这种组织的特点，弄清企业与学校的差异，转变自己的角色认知，以一名员工的标准来要求自己；其次，我们要了解即将入职的企业的基本情况，以便更好地适应企业的工作要求。

学生：我们对怎样处理人际关系也比较担忧。

教师：这个你们也不用担心，本课后面我们会提到一些原则和方法。

学生：噢，谢谢老师！

一、了解企业的特殊性

企业是一种社会经济组织，它依靠为社会生产产品或提供服务来创造经济效益，获得生存和发展。企业作为社会经济组织的属性，决定了它的特殊性。

1. 企业是工作场所

企业是社会经济组织，员工的任务是利用自己掌握的知识和技能，完成岗位工作。绩效好坏是企业评价员工工作好坏的主要标准，也是员工薪资调整和职位变动的主要依据。如果工作绩效不好，其他指标再好也算不上是一个好员工。所以，在企业里我们首先要做到的就是，充分发挥主动性、积极性和创造性，高标准、高效率、高质量完成岗位工作，帮助企业实现绩效目标，并贡献自己的全部才华，持续为企业创造价值。只有为企业创造价值，我们才能实现自我增值，获得更好的发展。

2. 企业是一个利益共同体

从个人来看，企业是一个谋生之所和发展平台；从员工来看，企业是一个利益共同体、事业共同体。从董事长、总经理到基层员工都要为企业的经济效益和可持续发展而努力，彼此共存共荣。在这里，个人的功过不仅仅是个人的问题，还会给企业及相关人员带来直接或间接的影响。所以我们不能仅考虑自己的得失，还要考虑我们的工作对领导、同事和下属的影响，对企业整体利益及未来发展的影响。我们每一个人都是拼图板上的一小块，个人离不开企业，而企业的经济效益也需要大家共同创造。只有每一个人都做好本职工作，企业才能得到更好的发展，个人才能得到更多的利益。

3. 企业是一个“小社会”

我们从出生起就在特定的社会群体中生活，并接受各种人际关系的训练和集体主义的培养。在学校，我们面对的是老师和同辈群体，相互关系比较单纯，即使有一些冲突也不那么复杂。而企业里的人际关系相对要复杂一些，我们的同事中有领导，有不同部门或岗位的同事，有下属，大家在年龄、资历、性格、品德、能力等方面都有不小的差异。同事之间不仅有重要的合作关系，也有激烈的竞争关系，可能会产生各种利益冲突。因此在企业里，我们做事要积极认真，做人要谦虚谨慎，要学会尊重他人，宽容待人，愿意帮助他人。

议一议

人际关系学家卡耐基说："一个人的成功，只有 15% 是由于他的专业技术，而 85% 则要靠人际关系和他做人处事的能力。"联系实际，谈谈你对这句话的理解。

4. 企业是提高工作技能的场所

虽然我们在校期间已经比较系统地学习了专业知识和技能，但我们的技能离企业生产服务一线的要求还存在差距。另外，我们的工作经验也不足。入职后，我们不应过分计较薪资多少、岗位好坏，而应专心于本职工作，用更多的时间去学习新知识、新技能。知识和技能是无价之宝，当我们从一个新手成长为熟练工，再成长为技术能手、业务标兵时，我们自身的价值就会提升，自然能够获得理想的薪资和职位。

二、认识企业员工评价的导向

案例链接

小赵和小孙毕业后一同来到某小区物业公司前台上班。他们的主要工作是接听电话和当面接待业主的投诉、报修、咨询，并负责收费及费用催缴等。小赵每天认真接听、接待业主的各种投诉和报修，做好记录，并把这些问题反映给主管部门，但在催缴物业费的事情上，工作效果不佳，被领导说过几次。而小孙因为催缴物业费的成效比较好，受到了领导的表扬。在校期间小赵的成绩比小孙好很多，做事也心细，他觉得小孙在学校不太爱学习，整天就知道交朋友，做事还有些毛躁，自己在接待上多次帮助小孙避免差错，现在被表扬的反而是小孙。小赵心里有落差，也很纳闷："老师、父母、同学都说我很棒，我工作也很努力呀，为什么领导觉得我不行？"

思考与讨论：你觉得导致小赵产生心理落差的根源是什么？

毋庸置疑，小赵是个好学生，工作也很勤恳，但好学生一定会成为好员工吗？不一定。因为好学生和好员工是两个不同体系下的评判，二者之间没有必然联系。

1. 学校和企业需要的能力不同

简单地说，学生时代主要看分数、看技能水平，而企业不仅看你的专业能力，还要看你的关键能力。像协调沟通、团队协作就属于关键能力的范畴。有些同学虽然学习成绩一般，但懂得为人处事，能够很快融入团队，在大家支持下能够很好地完成工作。比如上面案例中的小孙，虽然成绩平平，但他善于与人交往，能够交到朋友，在这个过程中培养了社会交往能力。我们在学校主要学习知识和技能，却很少有课程教我们如何与人交往，培养为人处事的能力。而在现实生活中，与人相处的能力，尤其与众多的人同时相处，协调平衡各方力量，共同完成任务的能力，是很重要的一种能力。这也是不少刚毕业的学生最缺乏的能力。这种能力的高低有时会决定我们在企业里能够走多远，达到怎样的高度。

知识卡片

什么是关键能力？

关键能力，也称职业核心能力，是除岗位专业能力之外的基本能力，它适用于各种职业，能适应岗位不断变换，是伴随人终身的可持续发展能力。关键能力可分为职业方法能力和职业社会能力两大类。职业方法能力包括自我学习、信息处理、数字应用等能力；职业社会能力包括与人交流、与人合作、解决问题、革新创新、外语应用等能力。

2. 学校和企业的评价标准不同

学校评价一个学生重态度，看结果，而企业评价员工主要看结果。在学校，只要你努力，按老师说的去做，成绩好，表现好，就能获得各种荣誉，被评价为一个好学生。而在企业，你解决事情的能力及做事的结果更重要，也就是说，你保质保量按时完成了任务，就是好员工；任务没完成或完成质量不佳，就是绩效差的员工。很多初入职场的同学，对这一点很不适应。有些人会委屈地说："我已经很努力了，为什么还要批评我？"像上面案例中的小赵，工作确实很努力，但他催缴物业费的工作做得还不够到位，绩效没完成。在企业里，"我努力了"这种解释是没有用的，只有"我完成了"才能体现你的价值。

3. 学校和企业的评价维度不同

学校里的评价维度相对简单：一条主线，把成绩搞好，学好专业技能；一条副线，多参加社会活动，提高社会实践能力。而企业里的评价维度要丰富得多，不同岗位的评价维度可能完全相反。比如，同样是广告公司，在策划文案部门，需要你头脑灵活，创意无限，点子越多越好；而在市场调查部门，则需要你认真仔细、严谨踏实，对数据高度敏感，一个细节都不能放过。岗位职能不同，对员工的评价维度不同。一个人做这份工作可能非常失败，而换一份工作可能马上就会脱颖而出。像上面案例中的小赵，他在催缴物业费之类的事情上不如小孙，但在前台其他工作方面远胜于小孙。

议一议

既然在校期间成绩好的到了企业未必出色，那我们是不是就不要好好学习，学会“混社会”就好了？此外，你对小赵这样的同学有哪些建议？

三、完成从学生到企业员工的角色转变

毕业是一个阶段的结束，也是一个新阶段的开始。无论之前我们在学校里的表现如何，现在都站在同一起跑线上。到了一个新的环境，我们要把过去的成绩和荣誉清零，重新塑造一个符合岗位需要的自己。从入职的第一天起，就要告诉自己“我现在是一名企业员工”，站在新的起点，迎接新的生活，了解和适应新的规则，顺利完成从学生到企业员工的角色转变。

1. 从个人导向向团队导向转变

在学校里，我们只要完成好自己的学业和老师交代的任务就行了，成功主要依靠自己的努力。但在企业里不一样，企业是一个利益共同体，个人的成功通常依赖于团队的合作。因此，我们要由个人导向向团队导向转变，由重个人奋斗变为重团队协作，由依托个人资源生存和发展变为依靠组织的资源生存和发展。

2. 从情感导向向职业导向转变

情绪化是学生常见的特征之一。在学校里，有些同学不懂得控制情绪，喜欢耍脾气，动辄发怒，甚至有时出口伤人。但这样做在职场会处处碰壁，没有人愿意承受你的坏脾气。同事之间要互相尊重，和睦相处。我们要牢记自己企业员工的身份，以工作任务和团队利益为

重，遇事要冷静，不要被自己的情绪绑架，不以个人好恶来评判和对待他人，要以高度的理性处理工作中碰到的一切问题。

议一议

在过去的合作中，你是否曾与团队其他成员发生过不愉快的情况？或者你是否目睹过类似的事情发生？想一想，如果将来再次遇到类似情况，你会如何处理。

3. 从兴趣导向向责任导向转变

在学校里，我们多从个人兴趣出发来决定自己的行为，但到了企业就不能单凭兴趣做事，不能高兴的干，不高兴的就不干或少干。个人的发展与企业紧密联系，只有企业发展好了，个人才能获得更多的利益，得到更好的发展。所以，我们要把企业利益放在首位，牢固树立大局意识、责任意识和服从意识，把个人好恶转化为敬业精神。

4. 从思维导向向行为导向转变

在学校里，我们虽然经历过工学一体化的学习实践，但公共基础课和专业理论课的学习仍然占据了不小的比例。这些课程的学习往往是通过思维训练达成的。而在企业里，我们面对的是真实的产品、有情感的客户，单有智力提高和思维增长是不够的，我们要从企业生产服务的实际需要出发分析和解决问题，既善于把想法转化为行动，也善于通过反思来调整自己的行为方式，获得能力提升。

四、从认识企业开始

在进入企业之前，我们应当了解企业是一个怎样的组织、企业如何运营管理等方面的知识，对企业有一个基本的了解与认知，以便在入职之后更好地适应企业的生产生活，更快地进入企业员工的角色，为融入企业奠定基础。这也是本教材的编写宗旨。

企业管理是一个复杂的系统，包括人力资源管理、行政管理、财务管理、研发管理、生产管理、物流管理、营销管理等诸多方面（见图 1），每一个方面又包括许多具体的内容。本教材结合技工院校学生毕业后的就业去向，择要介绍市场营销、产品决策、生产与物流、企业文化等方面的知识。

- 人力资源管理
- 行政管理
- 财务管理
- 研发管理
- 生产管理
- 物流管理
- 营销管理
- ……

图 1　企业管理主要内容

除了了解企业管理与企业文化的知识外，我们还要了解企业以下几个方面的情况。

1. 企业及其所属行业的基本情况

作为企业员工，我们应当了解企业及其所属行业的发展历史、现状及趋势，了解企业在行业中所处的地位，如企业规模、盈利能力、技术水平、产品质量与性能、市场覆盖率等，以及企业对地方经济社会发展所做的贡献等。

2. 企业的产品与服务

企业以产品与服务满足社会需要，创造商业价值，从而获得生存和发展的基础。作为企业员工，我们要了解企业的经营范围、企业产品或服务的种类和特点，了解主导产品的竞争优势及其独特的客户价值，从而为企业的新产品开发与营销出谋划策。

议一议

主导产品是指在行业中产量大、市场容量大、效益好的产品。请自选一家企业，查找资料，说说其主导产品有哪些。

3. 企业经营目标与发展规划

企业经营最根本的目标是实现经济效益与社会效益的有机统一。为了保证企业不断壮大和持续发展，企业会明确自身的发展目标，制定发展规划，确定发展策略。作为企业员工，我们要了解企业发展的长远目标与阶段性目标，了解企业的发展规划与经营策略，并把它们作为自己的行动指南。

知识卡片

企业经营目标

企业经营目标是在一定时期内企业生产经营活动预期达到的成果。其主要内容如下表所示。

类型	具体内容
社会贡献目标	产品品种、产值、产量、质量、资源利用与环境保护、税收上缴等
发展目标	生产规模、生产能力、技术水平等
市场目标	市场占有率、新产品开发能力、售后服务能力等
利益目标	利润、工资、福利等

4. 企业生产运营管理情况

技工院校的学生毕业后大多在生产服务一线工作。为了更好地适应企业生产需要，我们有必要了解企业的组织架构及生产运营管理的基本情况。我们要了解所在部门在整个企业中的地位和作用，了解所在部门的人员和架构。我们不仅要熟悉本岗位需要哪些知识和技能，还要了解其他相关岗位（尤其是上下游岗位）需要哪些知识和技能，以便适应未来岗位变动及个人职业发展。

5. 员工管理与企业文化

任何社会组织都是由人构成的。任何社会组织想要拥有竞争力，获得持久发展，就必须重视人的管理，最大限度地发挥人的才能。企业的兴旺靠管理，而管理的关键是文化。作为现代企业员工，我们不仅要了解和遵守企业的规章制度，还要了解和融入企业文化，养成优秀品质，释放自我潜能，与企业共同发展。

师生连线

学生：老师，对于我们来说，企业管理与企业文化的知识是一个全新的领域。我们怎样才能学好这门课呢？

教师：首先要预习教材，对教材所设计的问题和活动进行精心准备，积极参与课堂讨论与展示活动；其次要理论联系实际，结合所学专业，面向专业对接的相关企业，开展调研实践活动，深化对企业管理与企业文化基本知识的理解；最后要善于利用互联网搜索有关企业信息及企业管理案例，拓宽知识视野，培养管理思维。

学生：在学习过程中，如果遇到不理解的知识怎么办呢？

教师：你可以向老师、优秀校友或企业管理人员请教，可以跟同学进行讨论，当然，我更希望你能通过互联网或图书馆查找资料，进行自主探究，这样有助于培养我们独立思考和解决问题的能力。

学生：我明白了，谢谢老师！

第一单元

企业及其经营模式

通州之设纱厂，为通州民生计，亦即为中国利源计。

——张謇《厂约》

从学生的角度来看，企业是未来就业的场所、工作的地方。那从企业家的角度来看，企业是什么？从社会的角度来看，企业又是一个怎样的组织？企业和公司是相同的概念吗？企业内部又是如何架构的？

本单元将带你了解企业的概念、特征及主要类型，了解企业组织结构设计的基本内容，为我们未来走进企业奠定认知基础。

第一课　企业及其法律形式

学习目标

- 认识企业是社会生产力发展到一定历史阶段的产物。
- 理解企业的概念，熟悉企业的基本特征。
- 了解我国企业的法律形式及各种形式的主要特点。

翻转课堂

站在就业的路口，我们心中总有几家自己向往的企业。

结合所学专业及未来求职意向，选择你最感兴趣的一家企业，通过企业信息查询平台，了解有关信息，填写在图 1-1 的企业“营业执照”模板中，并思考这些信息的意义。

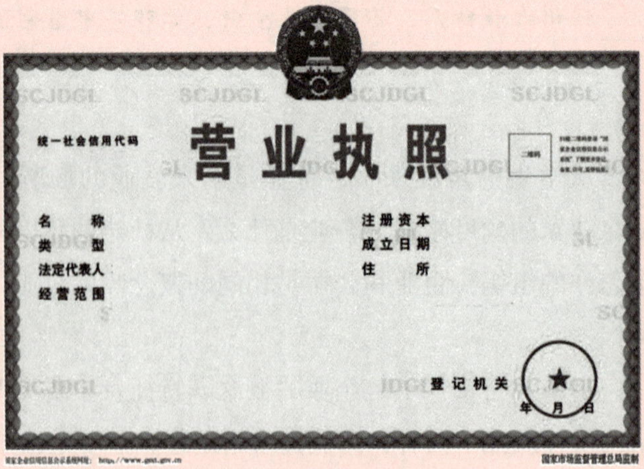

图 1-1　企业营业执照

本课导读

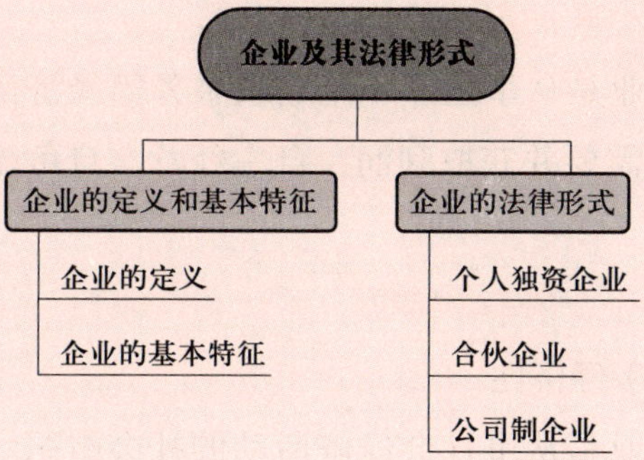

师生连线

学生：老师，企业是何时产生的？

教师：我们回顾一下历史。16 世纪至 17 世纪，在西方一些国家产生了雇佣工人生产的手工业工场，这些手工业工场就是企业的雏形。18 世纪，西方各国相继开展了工业革命，生产力得到了发展。到了 19 世纪三四十年代，采用机器生产，大量雇佣工人，大规模集中生产的工厂制在英、德等国家普遍建立。19 世纪末到 20 世纪初，随着科学技术的发展，企业生产规模不断扩大，企业经营权与所有权分离，形成了职业化的管理阶层，并且普遍建立了科学的管理制度，从而使企业逐渐走向成熟，形成了现代企业。

学生：哦，我明白了，企业主要经历了工场手工业时期、工厂制时期、现代企业时期三个阶段。

教师：你概括得很好！企业是社会生产力发展到一定历史阶段的产物，是商品经济发展的产物。如今，企业已成为最常见、最基本的社会经济组织。

一、企业的定义和基本特征

1. 企业的定义

企业是从事生产、流通或服务等经济活动，以产品或服务满足消费者需要并获取利润，自主经营、自负盈亏、依法设立的经济实体。

2. 企业的基本特征

（1）经济性

企业是从事社会经济活动的社会组织。按照所从事的经济活动的不同，企业可以分为生产型企业、流通型企业和服务型企业，见表 1–1。

表 1–1 企业经济活动的类型

类型	定义	举例
生产型企业	主要从事产品制造的企业，包括生产原材料、半成品和成品等	海尔集团、北大荒农垦集团、中国建筑集团等
流通型企业	主要从事商品流通的企业，包括批发、零售等	西单商场、王府井百货公司、京东等
服务型企业	主要从事服务活动的企业，包括餐饮、旅游、医疗、教育、娱乐、金融等	全聚德、中国国旅集团、中国工商银行等

议一议

中华慈善总会、北京蓝天志愿救援队、中国国际科学技术合作协会属于企业吗？

（2）营利性

大多数企业以营利作为其经济活动的主要目的。盈利是企业生存和发展的基础和保证。如果没有盈利，企业就不能发展，就会在市场竞争中落败。当然，强调企业以营利为主要目的，并不否认企业作为一个社会组织应当承担的社会责任和义务。相反，企业只有盈利，才能不断发展壮大，更好地承担起社会责任与义务。

师生连线

学生：老师，企业为什么要承担社会责任与义务呢？

教师：首先，企业作为一个组织，在这个社会中就像一个人。这个人不能只顾自身利益，而不顾他人利益，这样做是不道德的。其次，社会是企业利益的来源，尽己所能，回馈社会，既是一种义务，也是自身发展的需要。只有赢得社会的尊重、认同与信赖，才能实现基业长青。

学生：企业承担社会责任与义务，就是多做公益吗？

教师：并非仅仅如此，企业社会责任的范畴很广。比如以创新的产品更好地满足社会需求；在自身发展的同时，稳定和扩大就业；保障员工身心健康，维护员工合法权益；降低能耗、节约资源和保护环境；在贫困地区开发项目，帮助当地脱贫致富等。做慈善公益扶危济困，只是其中的一项。

学生：您这么说，我理解了。

教师：在世界社会经济形势加速发展的今天，企业要把为社会提供正向价值，承担更多的社会责任，为社会增添财富和有助于经济发展作为自己的宗旨，这也是当今企业发展的趋势。

（3）商品性

企业是商品的生产者和经营者，其产品或服务性劳动都是以商品形式出现的。生产性企业为社会提供所需的产品，非生产性企业为社会提供所需的服务。尽管不同的企业提供的产品或服务差异很大，但其共同的特点是，通过向社会提供产品或服务获得利润，保证自身的生存和发展。

（4）独立性

企业在经济上是独立的，有可以独立支配的财产，实行自主经营、自负盈亏。自主经营是指企业按客观规律和市场需求，对企业的生产经营活动依法自主决策。自负盈亏是指企业能独立承担自主经营而引起的全部经济责任，对自己的行为和经营后果负责。自主经营和自负盈亏体现了企业权利与义务的有机统一。

议一议

如果企业因经营管理不善造成严重亏损，不能清偿到期债务而破产，政府及其他社会组织是否有义务对它进行施救？为什么？

（5）组织性

企业是依法设立的经济组织。无论什么企业，都必须依照法定程序设立，经市场监督管理部门核准登记后，才能从事生产经营活动；都要有合法的名称和固定的生产经营场所，建立相应的组织管理机构；都要有与其经营活动和经营规模相适应的财产或经费，作为其参与经济活动，享受民事权利、承担民事义务的物质基础和财产保证。

知识卡片

世界 500 强企业

世界 500 强是媒体对《财富》杂志每年评选的“全球最大五百家公司”

排行榜的一种约定俗成的叫法。第一份《财富》世界500强排行榜诞生于1955年。自诞生之初起，《财富》杂志的编辑们就决定将收入作为企业排名的主要依据，因为收入是衡量增长和成功最可靠、最有力的证明，也是最有意义的指标。

1995年，《财富》杂志第一次发布同时涵盖工业型企业和服务型企业的世界500强排行榜。依据这个榜单的数据，人们可以了解全球大型企业的最新发展趋势。通过纵向不同年份和横向不同行业的比较，人们既可以了解企业的兴衰，也可以了解企业销售收益率、净资产收益率、全员生产效率等经营质量的变化。

练一练

1. 世界500强企业排名的主要依据是什么？这体现了企业的什么特征？
2. 查找最新的世界500强企业榜单，然后填写表1-2。

表1-2 中国的世界500强企业情况

年份		中国企业上榜数量	
列举你感兴趣的十家上榜中国企业			
1.		6.	
2.		7.	
3.		8.	
4.		9.	
5.		10.	

二、企业的法律形式

师生连线

学生：老师，我们已经了解了什么是企业，那么企业有哪些类型呢？

教师：企业有多种分类方法，分类方法不同，类型也就不一样。前面所讲的生产型企业、流通型企业、服务型企业是按企业经济活动所属的领域来分类的。按法律形式，企业又可分为个人独资企业、合伙企业和公司制企业，我们接下来逐一介绍。

学生：老师，企业的法律形式是什么意思呢？

教师：就是国家通过立法对企业的种类进行界定，使企业的类别规范化、标准化，并具有法律约束力。在不同的法律形式下，企业所享受的权利和需要承担的责任是不一样的。企业的设立人必须根据自身的实际情况来选择要设立的企业的法律形式。

无论是新建企业，还是老企业改制，都面临着企业法律形式选择的问题。在我国境内设立的企业有多种法律形式，如图 1–2 所示。

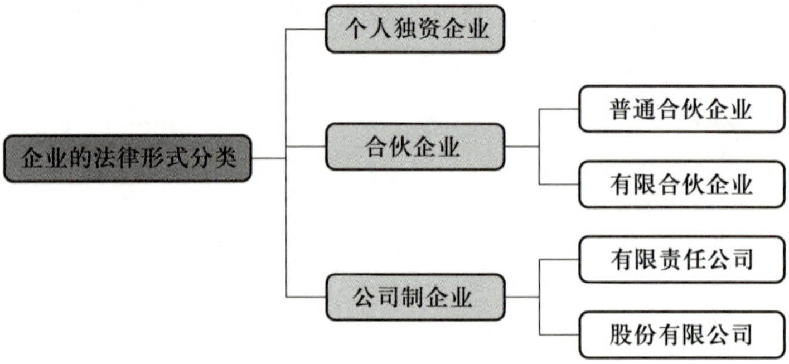

图 1–2　企业的法律形式分类

1. 个人独资企业

（1）定义

个人独资企业是依照《中华人民共和国个人独资企业法》（以下简称《个人独资企业法》）设立，由一个自然人投资，财产为投资人个人所有，投资人以其个人财产对企业债务承担无限责任的经营实体。从严格意义上讲，个人独资企业不是法人企业，而是一个具有完全民事行为能力的自然人从事商业活动的组织形式。

知识卡片

无限责任

无限责任，也称无限清偿责任，是指投资人对企业债务不以其投入的资本为限，当企业负债摊到他名下的份额超过其投入的资本时，他除以原投入的资本承担债务外，还要以自己的其他财产继续承担债务。

（2）适用

一般来说，个人独资企业建立与解散的程序较简单，企业规模较小，内部管理机构简单，经营方式灵活。个人独资企业通常存在于零售业、手工业、农业、林业、渔业和服务业等领域，例如零售商店、网店、家庭作坊等。

知识卡片

个人独资企业与个体工商户的不同见表 1–3。

表 1–3　个人独资企业与个体工商户的不同

不同点	个人独资企业	个体工商户
设立的法律依据不同	依据《个人独资企业法》设立	依据《个体工商户条例》设立
出资人和性质不同	由个人出资设立，属于非法人企业	既可以由一个自然人设立，也可以由家庭出资设立；不具有组织属性，一般认为属于个人
名称和经营场所不同	必须有固定的生产经营场所和合法的企业名称	可以没有固定的生产经营场所而流动经营，也可以没有字号名称
投资者与经营者的一致性不同	所有权和经营权可以分开，即投资人可以委托或聘请他人管理企业事务	投资者和经营者必须是投资个体工商户的自然人
承担的法律责任不同	以投资人的个人财产对企业债务承担无限责任，只有在企业设立登记时明确以家庭共有财产作为个人出资的，才依法以家庭共有财产对企业债务承担无限责任	如属个人经营的，以个人财产承担；属家庭经营的，以家庭财产承担

2. 合伙企业

（1）定义

合伙企业是依照《中华人民共和国合伙企业法》（以下简称《合伙企业法》）设立，由两个或两个以上的合伙人（包括自然人、法人和其他组织）按照协议投资，共同经营、共负盈亏的企业。

（2）分类

合伙企业包括普通合伙企业和有限合伙企业两类。普通合伙企业由普通合伙人组成，合伙人对合伙企业债务承担无限连带责任。有限合伙企业由普通合伙人和有限合伙人组成，普通合伙人对合伙企业债务承担无限连带责任，有限合伙人以其认缴的出资额为限对合伙企业债务承担责任。

知识卡片

无限连带责任

无限连带责任，是指投资人除承担企业债务分到自己名下的份额外，还需对企业其他投资人名下的债务份额承担连带性义务，即自己有义务代偿其他投资人名下的债务份额。

（3）适用

合伙企业一般适用于资产规模较小、管理不复杂、不需要设专门管理机构的行业，以及一些营业资金需要量较小、工作业务涉及资金量较大、个人信誉非常重要的行业。会计师事务所、律师事务所等往往采取合伙企业形式。

知识卡片

特殊的普通合伙企业

《合伙企业法》第五十五条规定："以专业知识和专门技能为客户提供有偿服务的专业服务机构，可以设立为特殊的普通合伙企业。"例如律师事务所、会计师事务所、医师事务所、设计师事务所等。特殊的普通合伙企业名称中应当标明“特殊普通合伙”字样，以区别于一般的普通合伙企业。在特殊的普通合伙企业中，一个合伙人或数个合伙人在执业活动中因故意或者重大过失造成合伙企业债务的，应当承担无限责任或者无限连带责任，其他合伙人则仅以其在合伙企业中的财产份额为限承担责任。

3. 公司制企业

（1）定义

公司制企业是依照《中华人民共和国公司法》（以下简称《公司法》）设立，能够独立地对自己经营的财产行使民事权利、承担民事义务的企业。它是企业法人，有独立的法人财产，享有法人财产权。公司以其全部财产对公司的债务承担责任。

（2）分类

根据法律责任，公司制企业分为有限责任公司和股份有限公司两类。

有限责任公司是由五十个以下股东出资设立，每位股东以其认缴的出资额为限对公司承担责任，公司以其全部资产对其债务承担责任的公司制企业。

一人有限责任公司和国有独资公司是有限责任公司的两种特殊情况。

一人有限责任公司是指只有一个自然人股东或者一个法人股东的有限责任公司。

国有独资公司是指国家单独出资、由国务院或者地方人民政府授权本级人民政府国有资产监督管理机构履行出资人职责的有限责任公司。《公司法》对国有独资公司的设立和管理有特别规定。

知识卡片

一人有限责任公司与个人独资企业的区别见表 1–4。

表 1–4　一人有限责任公司与个人独资企业的区别

不同点	一人有限责任公司	个人独资企业
设立的法律依据不同	依据《公司法》设立	依据《个人独资企业法》设立
投资主体不同	可以是自然人，也可以是法人	只能是自然人
组织性质及名称不同	属于法定的民事主体，具有法人资格；名称应该带有“有限责任公司”字样	属于非法人组织，不具有法人资格；名称中不能带有“有限”“有限责任”或者“公司”字样
承担的法律责任不同	投资人以认缴的出资额为限承担有限责任，仅在不能证明公司财产独立于投资人自己的财产的情况下对公司债务承担连带责任	通常承担无限责任

案例链接

国家电网有限公司

国家电网有限公司是国务院国有资产监督管理委员会履行出资人职责的国有独资公司，也是关系国民经济命脉和国家能源安全的特大型国有重点骨干企业。1997 年，国家电力公司成立，与电力工业部实行两块牌子、一套班子运行。2002 年，国务院实施电力体制改革，决定在原国家电力公司部分企事业单位基础上组建国家电网公司。2017 年，国务院实施中央企业公司制改制工作。公司由全民所有制企业整体改制为国有独资公司，名称变更为国家电网有限公司。

股份有限公司是指由二人以上二百人以下的发起人设立的，全部注册资本由等额股份构成的，并通过发行股票或股权证等筹集资本且股东以其认购的股份为限对公司的债务承担有限责任，公司以其全部财产对公司的债务承担责任的公司制企业。股份有限公司须有半数以上的发起人在中国境内有住所。

练一练

根据企业的法律形式，列举一两个你知道的企业，填写表 1–5。

表 1–5 企业的法律形式

法律形式	企业名称
个人独资企业	
合伙企业	
有限责任公司	
股份有限公司	

师生连线

学生：老师，本课提到了国有独资公司，我们平时经常听说国有企业、私营企业、三资企业等，这些是按什么标准分类的呢？

教师：这个问题问得好。企业按所有制性质可分为国有企业、集体所有制企业、联营企业、三资企业、私营企业等。这里，用表 1–6 简要说明它们的概念，请大家课后查找资料，了解它们的特点，并分别举出几个例子（填在最后一栏）。

表 1–6　企业的所有制形式分类

<table>
<tr><th colspan="2">类别</th><th>定义</th><th>举例</th></tr>
<tr><td colspan="2">国有企业</td><td>国务院和地方人民政府分别代表国家履行出资人职责的国有独资企业、国有独资公司以及国有资本控股公司。包括中央企业和地方国有企业</td><td></td></tr>
<tr><td colspan="2">集体所有制企业</td><td>由部分劳动群众集体拥有生产资料的所有权，共同劳动并实行按劳分配的经济组织。包括城镇和乡村的劳动群众集体所有制企业</td><td></td></tr>
<tr><td colspan="2">联营企业</td><td>由两个及两个以上相同或不同所有制性质的企业法人或事业单位法人，按自愿、平等、互利的原则，共同投资组成的经济组织</td><td></td></tr>
<tr><td rowspan="3">三资企业</td><td>中外合资经营企业</td><td>由中国合营者与外国合营者依照中国法律的规定，在中国境内共同投资、共同经营、并按投资比例分享利润、分担风险及亏损的企业</td><td></td></tr>
<tr><td>中外合作经营企业</td><td>由中国合作者与外国合作者依照中国法律的规定，在中国境内根据合作合同的约定进行投资或提供条件设立、分配利润和分担风险的企业</td><td></td></tr>
<tr><td>外资企业</td><td>依照中国法律的规定，在中国境内设立的全部资本由外国投资者投资的企业</td><td></td></tr>
<tr><td colspan="2">私营企业</td><td>由自然人投资设立或由自然人控股，以雇佣劳动为基础的营利性经济组织</td><td></td></tr>
</table>

第二课　企业的组织结构

学习目标

- 了解组织结构的概念及组织设计与组织目标的关系。
- 掌握企业岗位及部门设置的基本方法。
- 理解企业组织结构的形式及特点。

翻转课堂

在世界一级方程式锦标赛赛场上，一辆赛车一路飞驰而来、急促停下：4 个轮胎已不能再用，需要立即卸下来，换上 4 个全新轮胎；汽油已经耗尽，需要马上加满油。完成这些工作，总共只有 6 秒的时间。6 秒之后，这辆汽车又要飞速启程。要在 6 秒之内完成这些任务，可能吗？几乎不可能！那么，靠什么来实现呢？

靠组织设计来实现！当赛车进维修站时，工作人员手持千斤顶几乎在车停下的同时将车身撬起，如图 1–3 所示。0.3 秒卸下 4 个车轮的螺钉，2.2 秒内取下旧轮胎，3.5 秒换上新轮胎并拧紧螺钉；换胎的同时，1.5 秒内加油。总时间 6 秒！维修站工作人员各有分工且工作环环相扣。没有成熟的组织设计，是无法完成这项挑战极限、创造奇迹的工作的。

图 1–3　赛车维修站工作人员换胎加油

思考与讨论： 世界一级方程式赛车即时维修的组织设计以什么为目标？请上网查看有关视频或文字材料，了解这类组织的人员组成及工作职责。

本课导读

- 企业的组织结构
  - 企业岗位设置和岗位设计
    - 岗位设置
    - 岗位设计
  - 企业部门设置
    - 按人数设置
    - 按时间设置
    - 按职能设置
    - 按产品设置
    - 按地区设置
    - 按设备或技术设置
  - 企业组织结构形式
    - 直线制
    - 职能制
    - 直线职能制
    - 事业部制
    - 矩阵制

师生连线

教师：赛车维修站的任务是什么？目标是什么？

学生：维修站的任务是给停靠的赛车换胎加油，目标是在最短的时间内安全、精准地完成这些工作。

教师：维修站的工作人员是怎样完成这些工作的？

学生：他们有的负责操作千斤顶，有的负责换轮胎，有的持枪加油，有的扶加油枪……他们各司其职，相互配合，熟练、高效地完成任务。

教师：他们之所以能够出色地完成任务，关键是什么？

学生：组织到位，团队合作。

教师：你回答得很好！看来你做了认真预习。赛车维修站就是一个组织，这个组织有目标，有任务，有明确的分工。任何一个组织都是为了达成一定的目标而构建的。为了实现组织目标，就需要对组织内的人员进行分工，进行组织设计。

学生：企业也是一个组织，那企业是如何进行组织设计的呢？

教师：企业为了实现其商业目标，需要根据工作类别确定岗位，将职能相近的岗位合成部门，同时建立各部门间的协作机制，用来协调部门与部门、人员与任务之间的关系，从而有效保证企业活动的正常开展。

学生：组织设计就是对组织结构进行设计吧？

教师：组织设计不仅指组织结构设计，还包括组织运行制度设计。不过，本课只涉及与组织结构设计相关的内容。

组织结构是指为了实现组织目标，经过组织设计形成的组织内部各个部门、各个层次的构成方式。企业组织结构不仅是实现企业生产经营目标的基本保证，也是提高企业管理效率的前提条件。岗位设置与岗位设计、部门设置、组织结构形式是企业组织结构设计的基本内容。

一、企业岗位设置和岗位设计

1. 岗位设置

岗位是指为完成某项任务而设立的工作职位。岗位设置的形式有很多，常见的有以下三种。

（1）基于任务的岗位设置

基于任务的岗位设置是按照简单、明确的工作任务设置岗位，在这种形式下，企业内部的岗位管理主要是采用层级多而细的职位等级结构。

案例链接

某酒店行政人事岗位设置如图 1-4 所示。

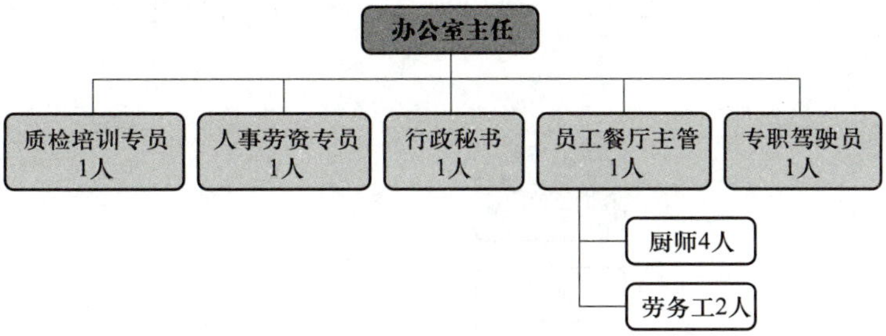

图 1-4　某酒店行政人事岗位设置

（2）基于能力的岗位设置

基于能力的岗位设置也是按照明确的工作目标设置岗位。但是，岗位的任务种类是复合型的，职责也比较宽泛，要求员工的工作能力更加全面。在这种形式下，各岗位对应的职务或薪资等级比较宽泛。

议一议

如果你是上述酒店的人事经理，你决定改用基于能力的岗位设置对现状做出调整，你会做出哪些调整？

（3）基于团队的岗位设置

基于团队的岗位设置是一种更加市场化、客户导向的设置形式。这种形式以向客户提供总体解决方案为中心，把企业内部相关的各个岗位组合起来，形成团队进行工作。这种岗位设置形式一般在基于项目管理的企业中应用。

案例链接

某研发中心的岗位设置如图 1–5 所示。技术工程师根据任务不同处于不同的岗位。该中心为了完成一个新的项目，从不同岗位抽调工程师组成了虚拟项目团队。

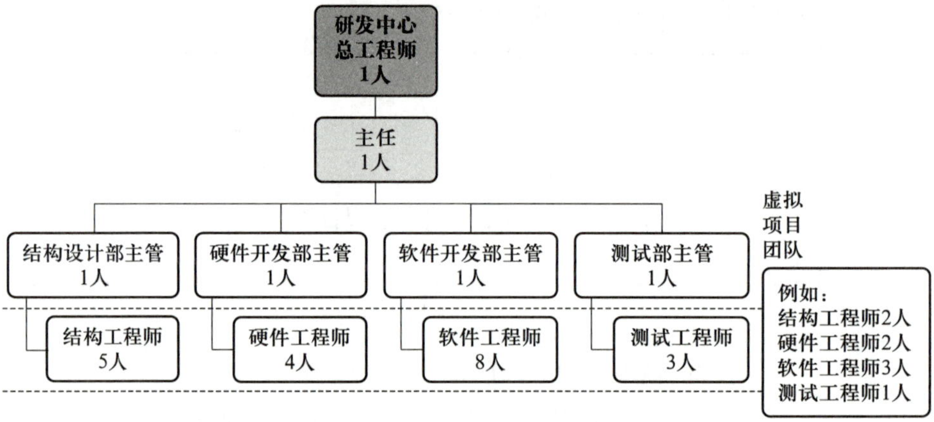

图 1–5　某研发中心岗位设置

思考与讨论：根据上文介绍，说说什么是虚拟项目团队。

各种形式岗位设置的优缺点见表 1–7。

表 1–7　各种形式岗位设置的优缺点

岗位设置形式	优点	缺点
基于任务	工作目标和职责简单易行 到岗者经简单培训即可工作 便于管理者监督，在一定时期内效率较高	关注任务要求多于关注人员，时间一长，员工的积极性可能有明显下降
基于能力	工作目标和职责边界比较模糊 员工不被限制在某个严格的职责范围内 有发挥个人特长的余地 使企业具有应对市场变化的能力	岗位职责描述可能模糊

续表

岗位设置形式	优点	缺点
基于团队	迅速回应客户，满足客户要求 部门间、岗位间协调难度下降 各工种、各层级人员团队作战，增进集体凝聚力，高效完成任务 快速提高员工工作能力	对企业管理能力、协调能力要求很高

2. 岗位设计

岗位设计是企业根据发展目标及工作任务的需要，并兼顾个人的需要，规定每个岗位的任务、责任、权力以及在企业中与其他岗位的关系的行为。岗位设计主要包括对工作内容、工作职责和工作关系的设计，如图 1–6 所示。岗位设计是否得当，对于激发员工的积极性，增强员工的满意度以及提高工作绩效都有重大影响。

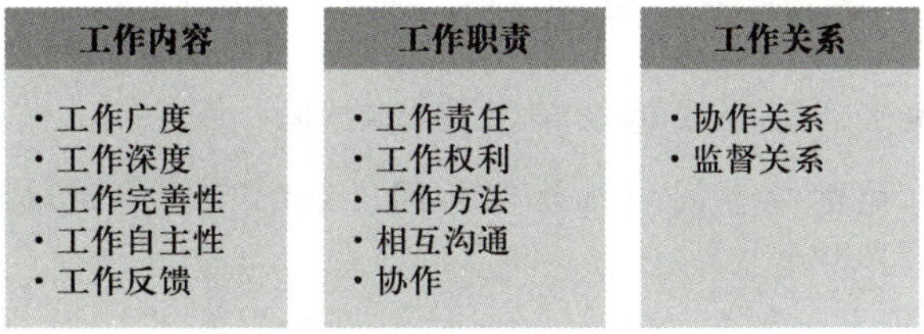

图 1–6　岗位设计的主要内容

二、企业部门设置

企业在不断发展壮大之后，职能越来越多，分工越来越细，一个层级的管理就行不通了，这时必须把职能相近的岗位合在一起，进行部门的设置。部门设置主要有以下几种方法。

1. 按人数设置

这种设置是每个部门规定一定数量的人员，由主管人员指挥完成任务。这种设置方法只考虑人力因素，在企业基层组织部门划分中应用较多。

2. 按时间设置

这种设置方法也常用于基层组织设置。例如，许多企业按早、中、晚三班制安排生产活动，部门设置也是早、中、晚三套。这种方法适用于正常工作时间的产出不能满足市场需求的企业。

3. 按职能设置

这种设置方法是根据生产专业化原则，以工作性质为依据来设置部门。这些部门被分为基本的职能部门和派生的职能部门。基本的职能部门处于组织机构的首要一级。当基本的职能部门的主管人员感到管理幅度太大，影响到管理效率时，就可将本部门的任务细分，从而建立派生的职能部门。

练一练

某生产型企业总经理下辖行政部、生产部、销售部、财务部。生产部下辖机械加工车间、热处理车间、装配车间。试画出这家企业的组织结构图。

4. 按产品设置

这种设置方法是按产品对应的业务活动设置部门。例如，一些家电企业设置了空调事业部、冰箱事业部、洗衣机事业部、电热水器事业部等。

案例链接

某公司按产品设置全球业务单位下级部门，如图 1-7 所示。

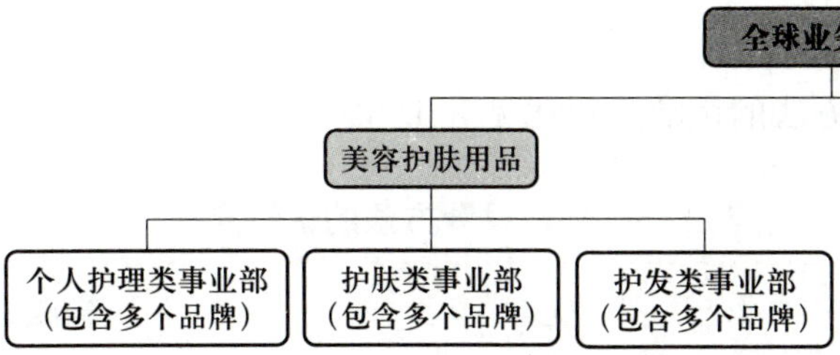

图 1–7　某公司全球业务单位部门设置图

练一练

某公司为增强电视机产品的竞争力，对部门进行重组，将原来的生产部、产品展示部、商品策划部三个业务部门，按产品类别改为五个：液晶电视部、等离子电视部、显示器部、PDP 模块部、RMC 部，每个部门负责相应产品的生产、销售和研发。同时，将原来的产品展示业务划到前三个业务部，将商品策划业务按照产品类别分别调入各个业务部。试画出这家公司调整后的组织结构图（这些部门的上级领导为总经理）。

5. 按地区设置

这种设置方法适合于业务分布地域较广的企业。这种设置通常将某个地区的业务集中起来，委派专门人员负责。例如，某乳制品企业在全国建有东北、华北、华中、华南、华东、西北、西南七个大区。又如，某跨国公司在全球设有北美、拉丁美洲、欧洲、非洲、欧亚大陆和中东地区、日本和韩国、大中华区、东盟和南太平洋地区、印度和西南亚九个区域运营事业部。

6. 按设备或技术设置

这种设置方法常跟其他设置方法结合使用。例如，某制造企业按照设备和技术设立焊接车间、压力加工车间、电镀车间。又如，某信息科技公司按照技术设置设立 Java 程序开发部门、C# 语言网络程序开发部门、前端程序开发部门。

部门设置方法的优缺点对比见表 1–8。

表 1–8　部门设置方法的优缺点

部门设置方法	优点	缺点
按人数	简单易行	只考虑人力因素
按时间	可充分利用环境、设备等进行大量生产或服务	增加了人力资源管理的复杂程度
按职能	有利于充分调动和发挥企业员工的专业才能 有利于培养和训练专门人才 有利于提高各部门工作效率	各职能部门从自身利益和需要出发 部门间配合强度下降 部门间协调难度提升
按产品	提高专业资源的利用效率 部门内上下关系易协调 各部门将注意力集中在特定产品上，有利于改进产品	各部门的独立性增强，主管部门的协调和控制难度加大
按地区	有利于取得地方化经营优势	需要具有全面管理能力的人员 增加了最高层对各部门的控制难度 地区间不易协调
按技术或设备	经济地使用技术或设备 充分发挥技术或设备的作用 便于设备维修和材料供应 有利于发挥专业技术人员的特长	不会单独使用，常跟其他设置方法结合使用

三、企业组织结构形式

企业组织结构的形式，按照其复杂程度可以分为两类：一类是简单的组织结构形式，如直线制、职能制、直线职能制等，主要适用于企业规模较小、产品品种单一的企业；另一类是复杂的组织结构形式，如事业部制、矩阵制等，主要适用于企业规模较大、产品品种较多的企业。

1. 直线制

直线制组织结构是企业发展初期的一种最早也是最简单的组织结构形式。在这种组织结构中，企业各级行政单位从上到下实行垂直领导，没有职能机构。下级只接受一个上级的指令，上级对所属下级单位的一切问题负责。企业的一切管理职能基本都由企业经理执行。其组织结构如图 1–8 所示。

直线制组织结构适用于企业规模不大、职工人数不多、生产和管理工作都比较简单的情况或现场作业管理。

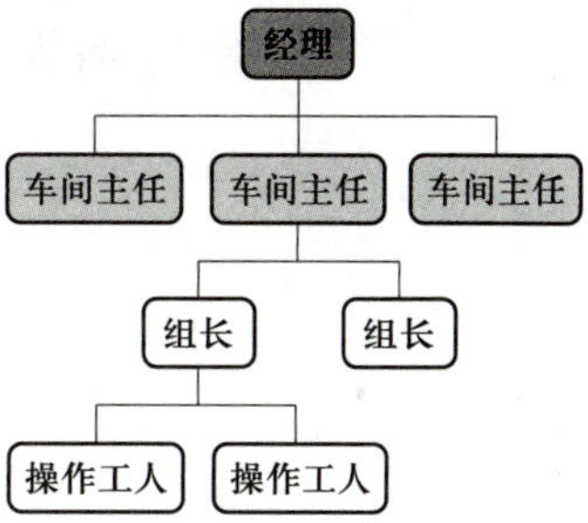

图 1–8 直线制组织结构示意图

2. 职能制

职能制组织结构在各级行政主管负责人外，还相应地设立一些职能机构。如在总经理下面设立职能机构和人员，协助总经理从事职能管理工作。各职能机构在自己的业务范围内有权向下级发布命令。各级领导人除了服从上级指挥外，还要服从上级各职能部门的指挥，实行的是多头领导的上下级关系。其组织结构如图 1–9 所示。

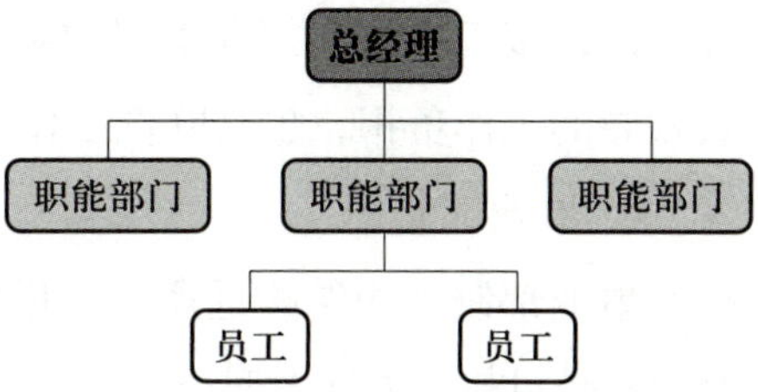

图 1–9 职能制组织结构示意图

在职能制组织结构中，由于职能机构和职能人员能够发挥专业管理的作用，有助于减轻企业领导人的负担，从而适应企业经营管理复杂化的要求。然而，这种设计形成了多头领导的局面，削弱了指挥的统一性，不利于建立和健全各级行政负责人和职能机构的责任制，妨碍工作效率的提高。

3. 直线职能制

直线职能制组织结构是现代工业企业中最常见的一种结构形式，而且在大中型企业中尤为普遍。它以直线制为基础，在各级行政领导之下设置相应的职能部门，如计划、销售、供应、财务等部门，分别从事专业管理，作为该级行政主管的参谋部，实行主管统一指挥与职能部门参谋指导相结合。职能部门拟订的计划方案以及有关指令由行政领导批准下达，各级行政领导人逐级负责，高度集权。其组织结构如图 1–10 所示。

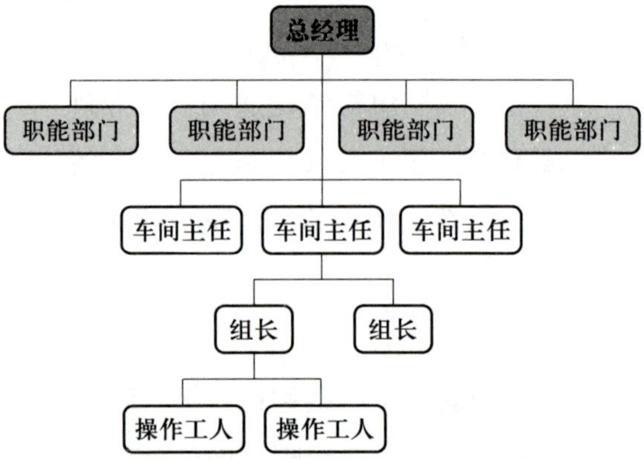

图 1–10 直线职能制组织结构示意图

直线职能制组织结构保持了直线制组织结构的优点，有利于统一指挥，但各职能部门之间缺乏横向联系，容易产生脱节和矛盾，职能部门的许多工作要直接向上层领导请示报告才能处理，这既会加重上层领导的工作负担，也会降低工作效率。

4. 事业部制

事业部制组织结构适用于规模庞大、品种繁多、技术复杂的大型企业，是目前国内外大型企业普遍采用的一种组织形式。事业部制组织结构在总公司领导下设立多个事业部，把分权管理与独立核算结合在一起，按产品、地区或市场（顾客）划分经营单位，即事业部。每个事业部都有自己的产品和特定的市场，能够完成某种产品从生产到销售的全部职能。事业部不是独立的企业法人，但具有较大的经营权限，实行独立核算、自负盈亏，是一个独立的利润中心。从经营角度来看，事业部与一般公司区别不大。事业部制组织结构示意图如图 1–11 所示。

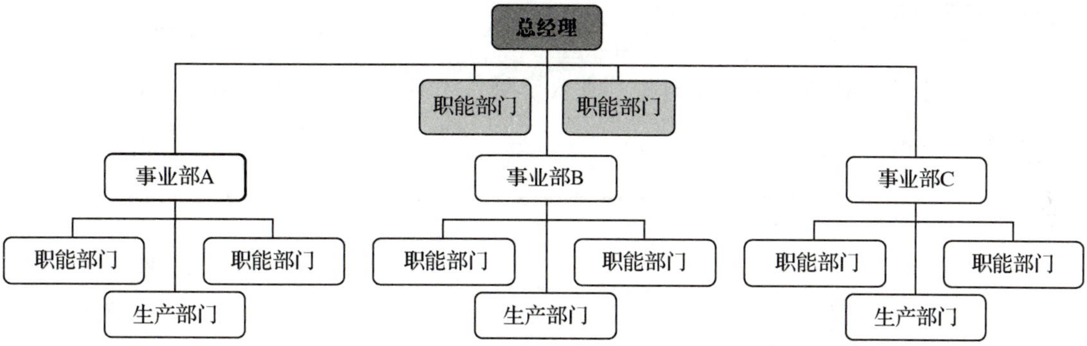

图 1–11　事业部制组织结构示意图

5. 矩阵制

矩阵制组织结构是由纵向的垂直管理系统和横向的水平管理系统相结合而组成的一种组织形式。企业从垂直领导系统的各单位中抽调有关人员，组成为完成特定任务（如开发新技术、新工艺、新产品）的工作小组或项目组。其成员一般都要接受两方面的领导，即在业务方面接受原单位和部门的垂直领导，而在执行具体任务方面接受任务负责人的领导。矩阵制组织结构示意图如图 1–12 所示。

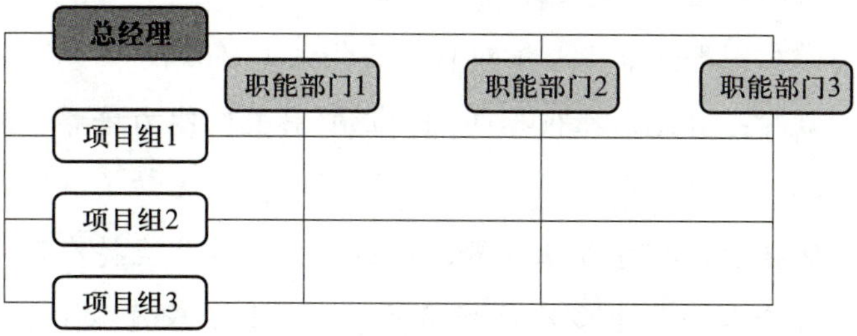

图 1–12　矩阵制组织结构示意图

矩阵制组织结构是为了改进直线职能制横向联系差、缺乏弹性的缺陷而形成的一种组织结构形式。这种组织结构的形式是固定的，但人员是变动的，需要谁就安排谁，任务完成后就回原部门。具体的项目也是临时组织的，任务一旦完成就解散。

练一练

以你感兴趣的一家企业为例，查找资料，了解其组织结构情况，并画出组织结构图。

师生连线

学生：老师，通过本课学习，我们了解了企业组织结构设计的基本内容。就目前而言，我觉得企业组织结构中的岗位跟我们的关系最为紧密。不知道我们将来能在哪些岗位工作？

教师：我们现在开设的专业都有对应的就业方向，企业在招聘时通常会根据招聘岗位要求列出对口专业名称。

学生：那我们是不是都能找到与专业对口的岗位？

教师：那不一定。因为在人才市场上专业岗位供求关系并非完全一致，毕业生的专业对口率也并非100%。

学生：那如果专业不对口，我们该怎样办？

教师：首先，在校期间要加强职业关键能力培养，为未来就业奠定宽厚的基础；其次，在加强专业学习的同时，要主动了解和学习其他相关专业的知识和技能，拓宽专业视野；最后，就业后要坚持在岗学习。事实上，有相当一部分人一生中多次更换岗位，但无论在哪个岗位，只要我们肯学肯干，都能适应并取得成绩。

第二单元

市场营销

优秀的企业满足需求，杰出的企业创造市场。

——现代营销学之父菲利普·科特勒

在市场经济条件下，市场是一切经济活动的集中体现。从企业到消费者个人，无不与市场有着千丝万缕的联系。那么，什么是市场？一个企业需要通过哪些营销手段，才能赢得消费者的关注，占有更多的市场份额？

本单元将带你学习市场和市场营销方面的知识。

第一课　市场目标定位

学习目标

- 理解市场与市场营销的概念。
- 掌握市场调查的基本方法。
- 了解市场目标定位的环节及基本方法。

翻转课堂

某科技公司成立于2010年，自2011年宣布进军手机行业以来，该公司手机产品迅速占领国内手机市场。该公司创造了用互联网模式开发手机操作系统、发烧友参与开发改进的智能手机设计和生产模式。“为发烧而生”是其产品概念。“和用户交朋友，做用户心中最酷的公司”是其一直以来的愿景。该公司用互联网模式开发产品，用极客精神做产品，减少了中间环节，致力让全球每个人都能享用来自中国的优质科技产品。2022年，在全球智能手机销量下滑的大背景下，该公司手机销量稳居全球第三位。其给消费者留下的“极致性价比”的品牌印象已经深入人心。

思考与讨论：该公司成功占领智能手机市场背后的原因有哪些？

本课导读

- 市场目标定位
  - 市场和市场营销的概念
    - 市场的概念
    - 市场营销的概念
  - 市场调查
    - 市场调查的内容
    - 市场调查的方式
    - 市场调查的方法
  - 市场目标定位
    - 市场目标定位的三个环节
    - 市场细分
    - 目标市场选择
    - 市场定位

师生连线

教师：该公司手机产品的设计和生产模式的核心理念是什么？这样做有什么好处？

学生：其核心理念是“和用户交朋友”，倾听用户意见并付诸行动。这样做，能够使产品精准对接用户需求，同时培养用户对产品的感情及忠诚度，从而增加市场份额。

教师：你回答得很好！现在我们想一想，一个企业能够存在的前提是什么？

学生：首先要有顾客。

教师：顾客为什么会购买产品？

学生：因为他有消费的需求和欲望。

教师：那可不可以直接说需求是企业存在的前提？

学生：可以，正因为人们有消费的需求，才会有企业去研发和生产相关产品。

教师：那么企业怎样才能保证自己的产品适应市场需求？

学生：我觉得要开展市场调查研究，只有了解市场需求，才能生产出市场需要的东西。

教师：单有市场调研行不行？产品生产出来了，怎样才能让客户了解和接受你的产品？

学生：要做广告。

教师：很好，要做广告。做广告，实际上就是做营销。当然，营销并不只是做广告，还有许多其他方法和手段。像上面这家公司，让用户参与手机产品的设计和改进，也是一种营销方式。下面，我们就来学习与市场营销相关的知识。

一、市场和市场营销的概念

1. 市场的概念

说到市场，人们往往会联想到农贸市场、商场、超市等，或者股票市场、债券市场、期货市场等。此处的"市场"，意思就是商品交易的场所。既然有交易，那就有供给方和需求方，可见市场是供需（买卖）双方构成的相互联系、相互制约的统一体。

那么，从企业经营者的角度来看，什么是市场呢？我们说某个产品能不能打开市场、占领市场，这里的"市场"，很显然是指需求方（买方），而不是供给方（卖方）。企业搞市场调研，就是针对需求方（买方）进行调查研究，为产品的市场定位提供依据。在市场营销中，市场的概念就是某种商品的实际购买者和潜在购买者的需求总和。

具体地说，市场包括人口、购买力、购买欲望三个要素，如图 2–1 所示。这三个要素是相互制约、缺一不可的，只有三者结合起来才能构成现实的市场，才能决定市场的规模和容量。如果一个地区人口众多，但收入很低，购买力有限，就不可能构成容量很大的市场；同样，如果一个地区人口很少，即使购买力很强，也不能形成容量很大的市场。只有人口多、购买力强且产品能满足消费者的需要，能引起消费者的购买欲望，才能成为一个容量很大的市场。

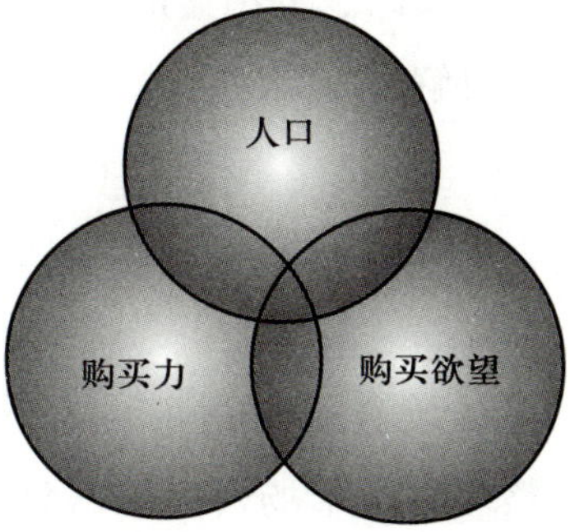

图 2-1　市场的三要素

议一议

快递行业刚刚兴起的时候，农村居民寄取快递需要到乡镇的网点，这给广大农民朋友带来了不便。后来，越来越多的快递代办点设到了村上。2022 年全国 95% 的建制村实现了快递服务覆盖。想一想，推动快递进村的根本因素有哪些。

2. 市场营销的概念

过去人们常说“酒香不怕巷子深”，但在现代社会“酒香也怕巷子深”。因为即使产品再好，如果不做营销推广，消费者难以主动认识它、接受它，产品也就难以打开市场。

市场营销是商业活动中至关重要的一环，是营销人员针对市场开展经营活动、销售行为的过程，即指导企业生产以及连接生产与销售的一系列经济活动的总称。其目的是满足客户需求，提高销售额和市场占有率，提升企业品牌知名度和声誉，从而获得更多的商业机会和利润。

市场营销是一项复杂的工作，涉及经营和销售的许多方面，包括市场调查与预测、市场购买行为分析、市场目标定位，以及产品策略、价格策略、分销渠道策略和促销策略的制定等。本单元将择其重点进行讲解。

二、市场调查

市场调查是指运用科学的方法，有目的地、系统地收集、记录、整理有关市场营销的信息和资料，分析市场情况，了解市场的现状及其发展趋势，为市场预测和营销决策提供客观的、准确的资料。

1. 市场调查的内容

市场调查的内容很多，参见表 2–1。

表 2–1　市场调查的内容

项目	内容
市场环境	包括政策环境、经济环境、社会文化环境的调查
市场基本状况	包括市场规范、总体需求量、市场动向、同行业市场分布及占有率等的调查
销售可能性	包括现有和潜在用户的人数及需求量、市场需求变化趋势、竞争对手产品的市场占有率、扩大销售的可能性和具体途径等的调查
其他	如对消费者的特征及消费需求、竞争对手产品、产品价格等方面的调查

2. 市场调查的方式

市场调查通常包括定性调查和定量调查两种方式：定性调查主要通过小组座谈、深层访谈等方式来获取客户的意见；定量调查则是通过问卷调查、统计分析等方式来获取客户数量和分布、市场规模、竞争情况等方面的数据。

3. 市场调查的方法

（1）观察法

观察法分为直接观察法和实际痕迹测量法两种。

直接观察法是指调查者在调查现场有目的、有计划地对调查对象的行为、言辞、表情进行观察和记录，以取得第一手资料的方法。它最大的特点是在自然条件下进行，所得材料真实生动，但也会因为观察对象的特殊性而使观察结果流于片面。

实际痕迹测量法不是直接观察消费者的行为，而是通过一定的途径来了解他们的痕迹和行为。这种方法一般用于客户流量、广告效果等的调查。例如，网站的点击量、客户停留时间和登录页面时间等，这些数据都能显示出客户流量情况。

议一议

下面两个案例分别采用了哪种观察方法？你还能举出其他案例吗？

案例 1：不少商场的入口处，通常陈设着厂家前来推销的新产品或商店要推销的季节性产品。顾客走进商场时，多半会驻足观看甚至选购这些商品。市场调查人员可以利用这一机会，观看消费者的留意度及购买情况，收集有关资料。

案例 2：某公司为了弄清哪种媒体可以把更多的商品信息传播出去，选择了几种媒体做同类广告，并在广告中附有回条，顾客凭回条可到公司去购买优惠折扣的商品。该公司根据回条的统计数，就可找出适合该公司的最佳的广告媒体。

（2）询问法

询问法是以当面、书面或电话等方式，向被调查者提出询问，以获取市场信息资料的一种方法。其中，普遍采用的是问卷调查法。

根据问卷传递方式的不同，问卷调查法可分为邮寄调查、面谈调查、电话调查、网络调查、留置调查等类型。它们有各自的优缺点，见表 2–2。调查者要根据调查项目的目标要求、调查所需时间和投入成本等因素，进行合理的选择。

表 2–2　问卷调查法的类型及其优缺点

类型	优点	缺点
邮寄调查	速度快、范围广、成本低	调查对象难以控制、难以估计代表性，回收率低
面谈调查	能直接听取对方意见，比较灵活	成本较高，结果容易受调查人员技术水平的影响
电话调查	速度快，时间短且易于控制，成本低	范围较窄
网络调查	速度快，成本最低	调查对象难以控制、难以估计代表性
留置调查	调查有效率高，问卷回收率高	范围有限，人力成本高，难以确认是不是受访者本人回答

（3）实验法

实验法通常用来调查某种因素对市场销售量的影响。这种方法是在一定条件下进行小规模实验，然后分析实验结果，研究是否值得推广。它的应用范围很广。凡是某一商品在改变品种、品质、包装、设计、价格、广告、陈列方法等因素时都可以应用这种方法来调查用户的反应。

案例链接

某公司咖啡杯设计改进的市场实验

某公司准备改进咖啡杯的设计，为此进行了两次市场实验。

第一次公司进行了咖啡杯选型调查。公司设计了多款咖啡杯，让500名家庭主妇进行观摩评选，其目的是研究主妇们拿杯子时，哪种形状最好，哪种最不易滑落。调研结果显示，最好选用四方长腰果形杯子。

第二次公司进行了咖啡杯颜色调查。公司请来30多人，让他们每人各喝4杯相同浓度的咖啡，但是咖啡杯的颜色则分别为咖啡色、青色、黄色和红色4种。试饮的结果，使用咖啡色杯子的人有2/3认为“太浓了”，使用青色杯子的人都异口同声地说“太淡了”，使用黄色杯子的人都说“不浓，正好”，而使用红色杯子的10人中，竟有9个说“太浓了”。根据这一调查，咖啡杯以后一律改用红色。该公司借助于颜色，既可以节约咖啡原料，又能使绝大多数顾客感到满意。

（4）文案调查法

文案调查法是围绕某种目的，对公开发表的各种信息进行收集、整理、分析研究的一种调查方法。它有以下几个特点：第一，文案调查是收集已经加工过的文案，而不是对原始资料的收集；第二，文案调查以收集文献性信息为主；第三，文案调查所收集的资料包括动态和静态两个方面，尤其侧重于从动态角度收集各种反映调查对象变化的历史与现实资料。

三、市场目标定位

1. 市场目标定位的三个环节

市场是一个综合体，是多层次、多元化的消费需求集合体。任何企业都不可能满足市场上的所有需求。企业要想获得属于自己的市场份额，就必须在市场调研的基础上明确市场目标定位。

所谓市场目标定位，就是企业在市场中确定其要服务的目标客户，并通过制定营销策略和产品策略，来满足这些目标客户的需求和期望。市场目标定位包括市场细分、目标市场选择和市场定位三个环节（图 2–2）。

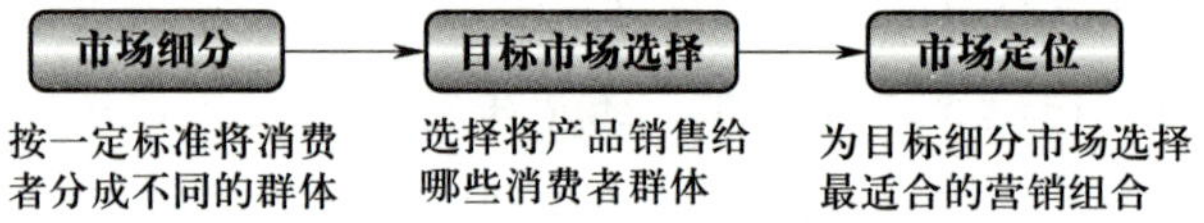

图 2–2　市场目标定位的三个环节

案例链接

某国产品牌洗衣机是如何赢得美国市场的

在家电行业，美国市场是非常成熟的市场。当年某家电企业决定要在美国打开洗衣机市场，很多人认为这是“鸡蛋碰石头”，在他们眼中，美国的洗衣机市场早就处于饱和状态。

该企业对自身实力进行了准确的评估，对美国的洗衣机市场进行了广泛、详细的调查研究和市场细分，了解到随着当地家庭平均规模持续缩小，出现了一些小规模家庭的差异化需求，适合小型公寓使用的紧凑型家电成为消费者关注的重点。该企业准确洞察到这一消费需求的变化，凭借自身领先的技术和设计研发实力，在最短时间内推出适合这些家庭需求的小型洗衣机，受到消费者的极大欢迎。

此前，该企业还曾通过深入的市场调研，发现美国消费者有在周末集中洗衣的习惯，于是推出了一款超大洗涤容量洗衣机，为当地家庭提供了一次性大容量洗衣解决方案。产品一上市就被各大主流渠道主推，在北美市场持续热销。该产品还以其出众的洗衣、护衣效果以及节能环保优势，被美国一知名生活类杂志评选为“最佳洗衣机型号”。

在全球各大知名家电品牌聚集的美国市场，该企业洗衣机从产品设计到满足消费者需求方面均领先其他品牌，得到当地权威机构和知名媒体的一致认可。这都源于企业细致的市场调研和精准的目标定位。

案例中的企业通过市场调研，在消费人群中细分出小规模洗衣家庭和大容量洗衣家庭两个子市场，并把它们作为目标市场进行产品研发，进而推出了比竞争对手更有优势的两款洗衣机，并通过一系列营销活动，塑造出独树一帜的品牌形象，从而拥有了自己的客户群。

2. 市场细分

（1）市场细分的概念

市场细分是指企业通过市场调研，依据消费者的需要和欲望、购买行为和购买习惯等方面的差异，把某一产品的市场整体划分为若干消费者群的市场分类过程。每一个消费者群就是一个细分市场。每一个细分市场都是由具有类似需求倾向的消费者构成的群体。

（2）市场细分的有效标志

市场细分的有效标志主要有：

可测量性，即各子市场的购买力能够被测量。

可进入性，即企业有能力进入所选定的子市场。

可盈利性，即企业进行市场细分后所选定的子市场的规模足以使企业盈利。

（3）市场细分的依据

一种产品的整体市场之所以可以细分，是由于消费者个体存在差异和需求存在差异。消费者市场细分的依据见表 2–3。

表 2-3　消费者市场细分的依据

细分种类	细分因素
地理细分	消费者所在的地理位置以及其他地理变量（包括城市或乡村、地形、气候、人口密度、交通运输等）
人口细分	人口变量（包括年龄、性别、职业、收入、教育水平、家庭规模、民族、宗教、国籍等）
心理细分	消费者的生活方式、个性等
购买行为细分	消费者购买或使用某种产品的动机、购买能力、使用程度、使用状态、购买频率、品牌依赖程度、对价格和服务的敏感程度等

案例链接

某洗发水公司的市场细分

在中国洗发水市场处于初期发展阶段时，某洗发水公司打算进入中国市场。该公司对中国市场进行了长达两年的市场调查。该调查认为消费者的年龄和受教育程度是洗发水市场细分的基础。年龄较大、受教育程度较高的消费者对价格涨落的容忍度相对较高，而年龄较小、受教育程度较低的消费者对价格涨落的容忍度相对较低。而且，青年消费者有着求新、好奇、注重自我等比较个性化、时尚化的消费习惯，年龄较大的消费者则注重商品的实用性。

3. 目标市场选择

目标市场选择是指估计每个细分市场的吸引力程度，并选择进入一个或多个细分市场。企业选择的目标市场应是那些能在其中创造最多利润并能保持一段时间获利的细分市场。资源有限的企业一般只选择一个或几个特殊的细分市场。

选择目标市场一般运用下列三种策略。

（1）无差别性市场策略

无差别性市场策略就是企业把整个市场作为自己的目标市场，只考虑市场需求的共性，而不考虑其差异，运用一种产品、一种价格、一种推销方法，吸引尽可能多的消费者。这种策略的优点是产品单一，容易保证质量，能大批量生产，降低生产和销售成本。

案例链接

某品牌饮料的无差别性市场策略

某知名饮料公司长期采用无差别性市场策略，生产一种口味、一种配方、一种包装的产品满足上百个国家和地区的需要。由于同类型饮料品牌的竞争，1985 年 4 月，该公司宣布要改变配方，不料在其本国市场掀起轩然大波，许多电话打到公司，对公司改变饮料配方表示不满和反对，公司不得不继续大批量生产传统配方的饮料。可见，采用无差别性市场策略，产品的内在质量和外部造型必须有独特风格，才能得到消费者的认可，从而保持相对稳定性。

（2）差别性市场策略

差别性市场策略就是把整个市场细分为若干子市场，针对不同的子市场，设计不同的产品，制定不同的营销策略，满足不同的消费需求。这种策略的优点是能满足不同消费者的要求，有利于扩大销售、占领市场、提高企业声誉。其缺点是由于产品差异化、促销方式差异化，增加了管理难度，提高了生产和销售费用。一般只有财力雄厚的大公司采用这种策略。

案例链接

某洗发水公司的差别性市场策略

某洗发水公司针对不同的消费群体推出不同特点的产品，并配以不同特点的广告语，从而使产品深入人心。如强调去屑止痒的产品，其广告语是“去头屑，让你靠得更近”；突出促进头发飘逸柔顺的产品，其广告语是“飘柔，就是这么自信”；突出头发修复及深层护养的产品，其广告语是“拥有健康，当然亮泽”；具有垂直定型功能的产品，其广告语是“我的光彩来自你的风采”。它们各有特点，各有特定的消费群体，也就各自形成了独立的品牌。

（3）集中性市场策略

集中性市场策略就是在细分后的市场中，选择两个或少数几个细分市场作为目标市场，实行专业化生产和销售，在特定少数市场上发挥优势，提高市场占有率。采用这种策略的企业对目标市场有较深的了解，一些中小型企业常采用这种策略。

案例链接

某橡胶厂的集中性市场策略

某橡胶厂是一家以生产汽车、拖拉机轮胎为主的中型企业。20 世纪 80 年代，该厂曾因产品销售不畅而处于困境。后来，该厂进行市场细分，根据企业优势，选择了省内十大运输公司作为自己的目标市场，生产适合煤炭外运的高吨位汽车载重轮胎，打开了销路。随着企业实力的增强，该厂又选择了耕运两用拖拉机轮胎为目标市场。1992 年，该厂与香港一家公司合资经营，成立了股份有限公司。1993 年，在全国轮胎普遍滞销的情况下，该公司敲开了一汽的大门，为之提供高吨位配套轮胎。因为目标市场选择正确及经营得当，该厂成功跨入全国 500 家优秀企业行列。

采用集中性市场策略，能集中优势力量，使产品适销对路，降低成本，提高企业和产品的知名度。这种策略有较大的经营风险，因为它的目标市场范围小，品种单一。如果目标市场的消费者需求和偏好发生变化，企业就可能因应变不及时而陷入困境。同时，当强有力的竞争者打入目标市场时，企业会受到严重影响。因此，许多中小企业为了分散风险，仍选择一定数量的细分市场作为自己的目标市场。

以上三种目标市场策略各有利弊，选择目标市场时，必须考虑企业面临的各种因素和条件，如企业规模和原料的供应、产品类似性、市场类似性、产品生命周期、竞争对手等。

4. 市场定位

市场定位是指企业根据竞争者现有产品在市场上所处的位置，针对顾客对该类产品某些特征或属性的重视程度，为本企业产品塑造与众不同的、给人印象鲜明的形象，并将这种形象生动地传递给顾客。

市场定位不是对一件产品做些什么，而是对产品在潜在消费者心目中的形象做些什么。市场定位的实质是使本企业产品与其他企业产品区分开来，使顾客明显感觉和认识到这种差别，从而在顾客心目中占有特殊的位置。

市场定位可分为对现有产品的再定位和对潜在产品的预定位。对现有产品的再定位可能导致产品名称、价格和包装的改变，但是这些外表变化的目的是保证产品在消费者的心目中留下值得购买的形象。对潜在产品的预定位，要求营销者必须从零开始，使产品特色确实符合所选择的目标市场。

企业在进行市场定位时，一方面要了解竞争对手的产品具有何种特色，另一方面要研究消费者对该产品的各种属性的重视程度，然后根据这两方面进行分析，再选定本公司产品的特色和独特形象。

案例链接

某女装品牌的市场目标定位

某女装品牌是应用市场细分策略比较成功的服装品牌之一。该品牌成功的一个重要原因就是目标市场选择得当，在其他品牌大都把产品定位在年轻人身上时，该品牌却瞄准中年白领这一市场。

35 岁至 50 岁年龄段的女性消费者生活讲究，需要得体而漂亮的衣着，但传统的着衣理念和身材的限制，将她们阻隔在流行与时尚品牌之外，而她们恰恰是有实力的消费群体。该品牌成功的秘密，就在于解决了上述这些人的穿衣问题。

该品牌以“儒文化”为品牌内涵，以其准确的市场目标定位在国内女装界占据一席之地。该品牌统一价格，价格高而不过分贵，颜色花而不乱，剪裁贴而不紧，非常适合中年女性消费者，从而获得了这一年龄段消费者的青睐，稳定的客源消费支撑起其市场地位。

该品牌主打的年龄段在 35 岁至 50 岁，不仅吸引了购买力较强的女性，而且填补了市场上中高档国内自主品牌的缺失。该品牌只做专卖，而且店面装修高档，满足了事业有成的女性的心理需求。

师生连线

教师：通过今天的学习，大家看看是先有市场，还是先有产品？为什么？

学生：应该是先有市场。因为首先要有需求，才会有人去生产产品，否则生产出来的东西卖不出去。

教师：那么怎样才能让你的产品在市场上占有一席之地呢？

学生：首先，要做市场调查，了解人们需要什么、需要多少、购买力如何。其次，要看市场上已经有了哪些产品，什么人群在消费，消费规模有多大。如果要进入市场，就要考虑把产品卖给谁，用什么来吸引他们。把这些搞清楚了，产品就会有市场了。

教师：你讲得既通俗又凝练。那么，产品生产出来了，是不是就一定能占有市场？

学生：不是。我认为还要考虑如何让市场了解这个产品，接受这个产品，愿意购买这个产品。当然，我们也要考虑价格因素，如果太贵了，人们消费不起；太便宜了，可能难以盈利。

教师：你所说的这部分涉及市场营销策略的问题，下一课我们将学习这方面的知识。

第二课　市场营销策略

学习目标

- 了解制定市场营销策略的依据。
- 理解产品策略、价格策略、分销策略、促销策略的基本内容。
- 能够应用 4P 营销策略进行简单的营销方案设计。

翻转课堂

某公司是一家销售高品质家居用品的电商企业。为了推广新的床上用品系列，该公司采取了如下营销策略：

1. 优化产品组合。该公司推出了多款不同材质、颜色和尺寸的床上用品，以满足不同消费者的需求。同时，该公司也非常注重产品包装和展示，以吸引消费者的注意力。

2. 确定合理价格。该公司根据不同产品的质量和定位，制定了相应的价格策略。同时，该公司还推出了会员优惠等活动，以吸引更多的消费者购买。

3. 扩大销售渠道。该公司不仅在自有的电商平台上销售床上用品，还与一些家居商店和其他电商平台合作，扩大销售渠道。同时，该公司还开展了线下展示和体验活动，让消费者更好地了解和感受产品的品质。

4. 丰富促销手段。该公司通过网站、社交媒体营销等方式，向消费者推送促销活动信息。同时，该公司还与一些知名家居设计师合作，推出联名款产品和专属设计，提高品牌知名度和吸引力。

思考与讨论：该公司是如何选择目标市场的？其营销策略主要聚焦在哪几个方面？你觉得哪些做法能够提升其产品的市场影响力？

本课导读

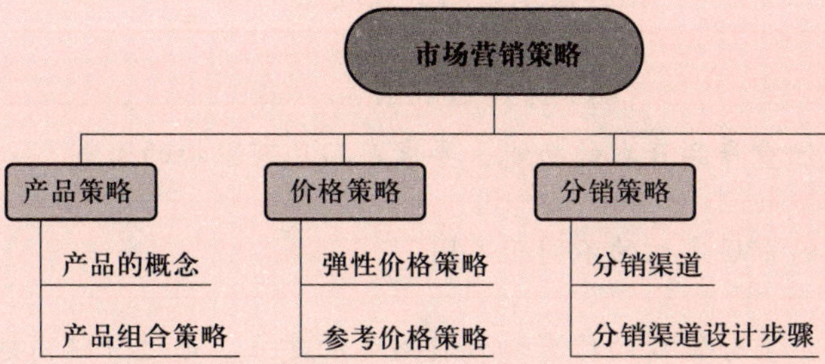

师生连线

教师：上一课我们学习了市场目标定位的有关知识，想一想本案例中的企业是如何选择目标市场的。

学生：该公司推出了多款不同材质、颜色和尺寸的床上用品，来满足不同消费者的需求，采用的是差别性市场策略。

教师：很好！该公司的营销策略主要聚焦在哪几个方面呢？

学生：优化产品组合、确定合理价格、扩大销售渠道、丰富促销手段。

教师：我们概括一下，这四个方面分别是产品（product）、价格（price）、渠道（place）、促销（promotion）。它们是企业进行市场营销活动的主要手段。由于这四个词的英文字头都是P，这套理论就被称为4P营销理论（图2–3）。根据这一理论制定的市场营销策略，分别称为产品策略、价格策略、分销策略、促销策略。

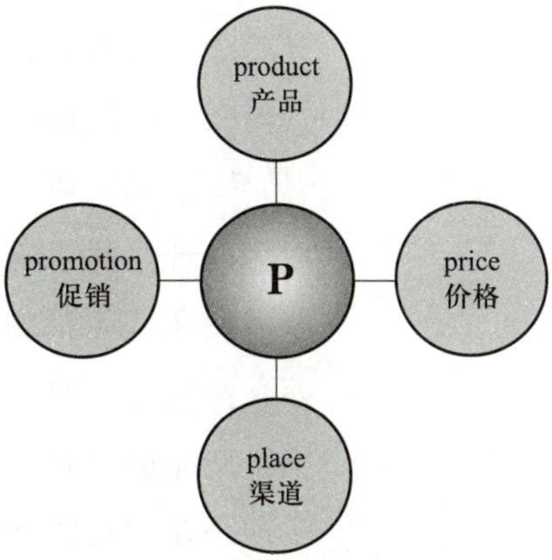

图 2–3　4P 营销理论

学生：这四种策略之间是怎样的关系呢？

教师：它们各有关注点（表2–4），相互联系和互补，共同实现企业的营销目标。

表 2-4　四种营销策略的关注点

名称	关注点
产品策略	注重产品开发的功能，要求产品具有独特的卖点
价格策略	随市场定位的不同而不同
分销策略	注重分销商的培育和销售网络的建立，通过分销商建立起企业与消费者的联系
促销策略	注重销售行为对消费者的刺激，以短期销售行为（如让利、买一送一、制造营销现场气氛等）吸引其他品牌用户前来消费或引导用户提前消费来促进销售增长

一、产品策略

企业与市场的关系主要是通过产品来联系的。在企业内部，产品是生产活动的中心。因此，产品策略是企业市场营销活动的支柱，是市场营销 4P 组合的核心，是其他三种策略的基础。

产品策略是指企业制定经营战略时，首先要明确企业能提供什么样的产品去满足消费者的需求。从某种意义上讲，企业成功与发展的关键在于产品满足消费者需求的程度。

1. 产品的概念

以现代营销观念对产品概念进行界定，产品是指为引起注意、获取、使用或者消费，以满足某种欲望或需要而提供给市场的一切东西，包括有形的物品和无形的服务等。企业的一切生产经营活动都是围绕产品进行的，即通过及时、有效地提供消费者所需要的产品从而实现企业的发展目标。企业生产什么产品，为谁生产产品，生产多少产品，都是企业产品策略必须回答的问题。随着科学技术的快速发展，消费者需求日趋个性化，市场竞争程度加深且竞争领域更加广泛，产品的内涵不断丰富。

知识卡片

产品概念的三个层次

产品的概念一般包括核心产品、形式产品、附加产品三个层次，如图 2-4 所示。

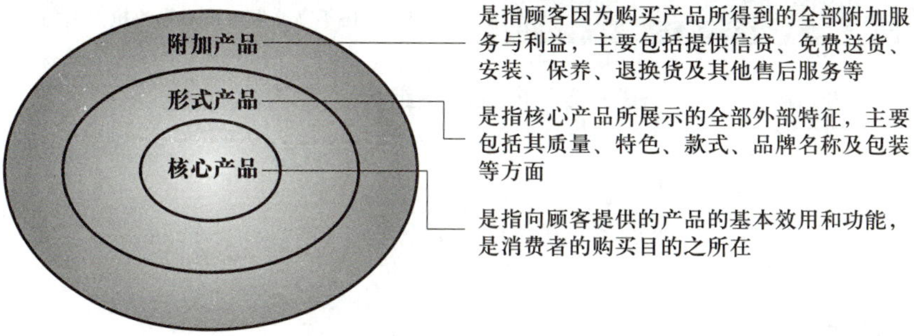

图 2-4　产品概念的三个层次

2. 产品组合策略

产品组合是指一个企业提供给市场的全部产品线及其中的产品项目。企业产品目录中列出的每一个具体的品种就是一个产品项目，而产品线是许多产品项目的集合。一些产品项目之所以组成一条产品线，是因为这些产品项目具有功能相似、用户相同、分销渠道同一、消费方面相关等特点。产品组合通常由若干条产品线组成，对于产品门类丰富的企业，将产品划分为占量产品、占利产品、形象产品，有助于满足消费者更多元化、更有针对性地选择，如图 2-5 所示。在实际商业活动中，占量产品、占利产品、形象产品的划分并非绝对，有些产品可能同时具有两种甚至三种属性。

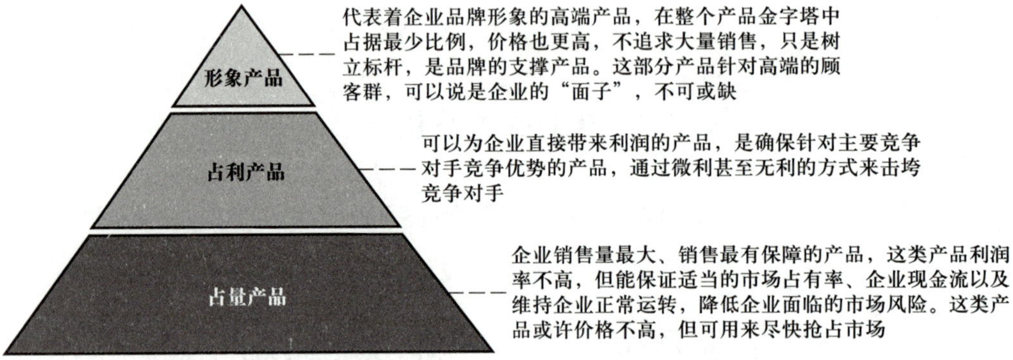

图 2–5　企业产品组合金字塔

案例链接

某品牌手机的产品组合策略

为了全面参与智能手机市场竞争，某品牌手机打造了金字塔式的手机产品组合。金字塔最底层以中档机为主，代表产品是 C 系列和 N 系列。这两个系列的市场目标定位基本重合，都是集中在中低端市场，但是其产品的特点相对比较明显，有的是主打外观，有的是主打拍照等。这些产品的销量到目前为止已超过千万。第二层级定位中高端市场，代表产品为 R 系列。作为其销量最大的系列，R 系列主销品种大多为旗舰机。从消费者口碑来看，该公司对其未来市场充满信心，R 系列的市场表现已大大超出其期望。最后是金字塔塔尖，代表产品为 M 和 P 系列。该公司希望这些旗舰型的精品能够带来更大的品牌提升。例如，M 系列主要面向商务人群，配置高端处理器；P 系列偏向时尚，以其出色的性能和惊艳的外观成为不折不扣的旗舰精品。

议一议

你能否再举一个产品组合策略的例子？并说说其中哪些是占量产品，哪些是占利产品，哪些是形象产品。

二、价格策略

价格策略是指通过对消费者的需求估量和产品的成本分析，对产品或服务定价的策略。在营销组合中，价格是唯一能影响收入的因素。采用怎样的价格策略、产品如何定价都直接影响到市场销售量和企业利润。

1. 弹性价格策略

弹性价格策略是指根据产品的需求弹性来调整价格的策略。产品采用高价策略还是低价策略，并不是一件简单的事情，不仅要借助市场数据监测进行统计、分析，还要考虑价格弹性因素，分析消费者的心理价位。关于高价策略和低价策略的概念及适用情形见表 2–5。

表 2–5　高价策略和低价策略的概念及适用情形

类型	概念	适用情形
高价策略	是指先以远高于成本的价格将新产品投入市场，以便在短期内获取高额利润，尽快收回投资，然后逐渐降低价格的定价策略	一般适用于需求随价格波动小，顾客愿意为获得产品价值而支付高价的商品。一些稀缺型产品、限量产品、高技术产品、收藏性产品等常采用这种策略
低价策略	是指在新产品投放市场时制定比较低的价格，来满足消费者需求，从而争取市场主动权的定价策略	一般适用于需求弹性大的商品，企业可以通过增加需求、扩大产销量、降低成本等方式实现获利目标

案例链接

某品牌智能手机新品的高价策略

一般智能手机生产企业在开售新品时，会将新品的价格定在一个相对较高的价位，以吸引消费者的注意力，使其产生购买欲望。某品牌手机厂商发布新机正式开售的消息后，该产品在其官方商城上线，售价高达万元，上架即售罄。这种策略背后的原因是，随着科技的发展和市场竞争的加剧，手机产品的研发成本越来越高，而新品的市场需求也越来越大。因此，将新品价格定在一个相对较高的价位，可以在一定程度上提高产品利润，并引起部分高端消费者的购买欲望。同时，这种高价策略还可以为品牌带来更高的溢价和更多的市场份额。

某珠宝企业的“一口价”策略

对于珠宝饰品来说，价格是消费者与商家能否达成交易的关键所在。针对这一敏感问题，某珠宝企业在价格策略上提出了一套有别于其他同行的新点子，创新地推出了“珠宝首饰一口价”销售策略，并郑重声明：产品成本加上合理的利润就是产品的售价。这一策略节省了消费者讨价还价的时间，并能使消费者产生货真价实的心理。这样既降低了经营成本，又有利于其参与市场竞争。

2. 参考价格策略

参考价格是指当消费者在购买一件商品时，在他记忆中所能回想起的相关价格信息。

消费者在选购商品时往往需要参考其他产品的价格来进行决策，参考价格策略就是迎合顾客上述购买心理的一种价格策略，其目的在于影响消费者对选购商品的价格认知。

消费者经常使用的参考价格如图 2-6 所示。

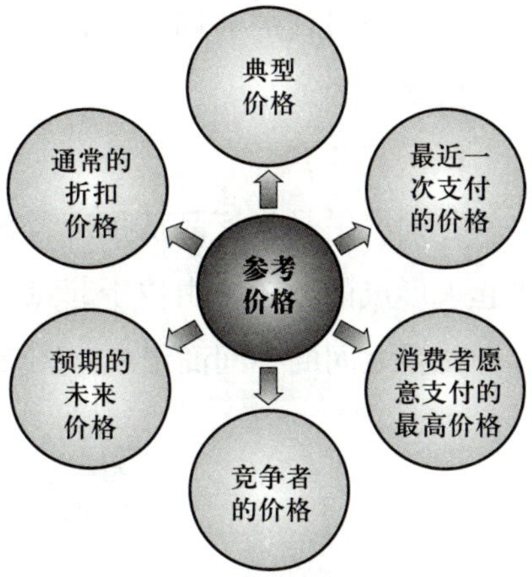

图 2–6　参考价格

案例链接

某品牌咖啡店的价格锚点策略

某品牌咖啡店不仅售卖自有品牌咖啡产品，也售卖国外某知名品牌矿泉水，并把它放在醒目的位置。然而很少有人会在咖啡店里买矿泉水。既然矿泉水在咖啡店的销量并不高，为什么该店还要售卖呢?

该品牌咖啡的价格，中杯基本不超过 30 元，超大杯基本不超过 40 元。当顾客发现一瓶矿泉水都要卖 22 元后，对比之下就会觉得咖啡没那么贵了。所以，矿泉水在该品牌咖啡店的作用是“价格锚点”，简单来说，就是通过其他品牌的高价商品来让消费者产生自己想买的商品性价比高的认知。

三、分销策略

分销就是使产品和服务以恰当的数量和地域分布来适时地满足目标市场的顾客需要。分销策略就是企业为了使产品迅速转移到消费者手中，选择最佳的分销渠道并适时对其进行调整与更新，以适应市场变化所采取的策略。

1. 分销渠道

分销渠道是指产品从生产者转至消费者手中所经过的各中间商连接起来形成的通道，由位于起点的生产者和位于终点的消费者，以及位于二者之间的中间商组成（图 2–7）。

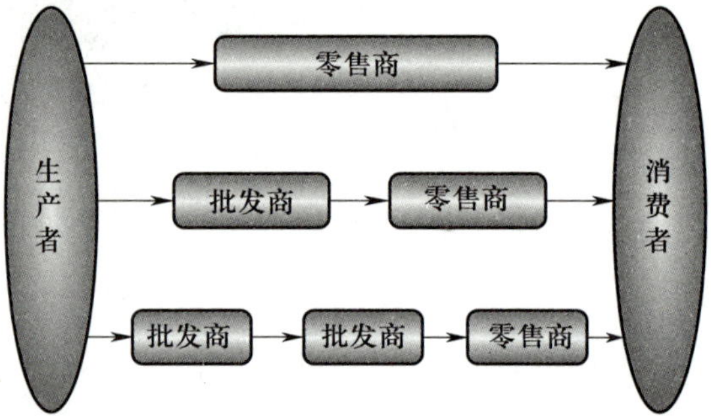

图 2–7　分销渠道示意图

分销渠道可根据中间层次的数目来区分。不算生产者和消费者，产品每经过一个直接或间接转移商品所有权的中介机构就称为一个流通环节或中间层次。在产品分销过程中，经过的环节或层次越多，渠道越长；反之，渠道越短。

练一练

你经常通过哪些渠道购买水果？通过调研，试画出水果从果园到消费者的两条分销渠道。

2. 分销渠道设计步骤

（1）确定渠道模式

确定渠道模式，首先要决定采取什么类型的分销渠道，是派推销人员上门推销或以其他方式自销，还是通过中间商分销。如果决定通过中间商分销，还要进一步决定选用什么类型和规模的中间商。

（2）确定中间商的数量

确定中间商的数量主要取决于产品本身的特点、市场容量的大小和需求面的宽窄。通常有四种可供选择的形式，其概念、特点及适用情形见表 2–6。

表 2–6　确定中间商数量的形式

形式	概念	特点	适用情形
密集性分销	使用尽可能多的中间商进行分销	能为消费者提供最大便利	适用于消费品中的便利品和工业用品中的标准件、通用小工具等
独家分销	在一定地区内只选定一家中间商经销或代理，实行独家经营	分销面窄	仅适用于某些技术性强的耐用消费品或名牌商品
选择性分销	有条件地精选几家中间商进行经营	比独家分销面宽，有利于扩大销路、开拓市场、展开竞争；比密集性分销节省费用，较易控制，不必分散太多的精力	适用于各类商品
复合式分销	通过多种渠道将相同的产品销售给相同或不同的市场	有利于调动各方面的积极性	适用于各类商品

（3）规定渠道成员的权利和责任

企业要规定中间商的权利和责任，如对不同地区、不同类型的中间商和不同的销量给予不同的价格折扣，以促使中间商积极进货。企业还要规定中间商交货和结算条件，以及规定彼此需为对方提供哪些服务，如生产方需提供零配件、代为培训技术人员并协助促销，销售方需提供市场信息和各种业务统计资料。

案例链接

某家电企业的分销渠道设计

某家电企业对其分销渠道实行组合设计，既有直接式销售渠道，也有加盟专卖店这样的合作销售渠道。

1. 采取直供分销制，自建营销网络。其做法是在全国每个一级市场设立工贸公司；在二级市场设立营销中心，负责其所有产品在当地的销售工作；在三级市场按“一县一点”设立专卖店。该企业在全国设有数十家工贸公司，拥有服务网点1万多个以及销售网点5万多个，并对其实行逐级控制，使终端的销售信息当天就可反馈到总部。

2. 采取特许经营方式，建立品牌专卖店。专卖店由被选定的经销商自己投资改造。该企业以品牌优势使经销商和企业实现双赢，既节省开支，也帮助经销商提升形象。专卖店一般开在社区、郊区等“边缘”地带，避免与另一大营销体系——综合商场、大型百货店重复建设，发生渠道冲突。由于该企业多元化的定位，在专卖店里有电视机、空调、洗衣机、微波炉和燃气灶等十几个种类的商品，这有别于其他家电企业专卖店只卖一两种电器的情况，从而摆脱了成本偏高、效率偏低的困境。

四、促销策略

促销策略是指企业通过人员推销、广告、公共关系和营业推广等各种促销方式，向消费者或用户传递产品信息，引起他们的注意和兴趣，激发他们的购买欲望和购买行为，以达到扩大销售的目的。企业在适当地点以适当的价格，将合适产品的相关信息传递到目标市场。

1. 促销策略分类

根据促销手段的出发点与作用的不同，促销策略可分为两种：

（1）推式策略

推式策略是指采取直接方式，运用人员推销手段，把产品推向销售渠道。其作用路线是企业的推销员把产品或服务推荐给批发商，再由批发商推荐给零售商，最后由零售商推荐给最终消费者。其适用情形如图 2–8 所示。

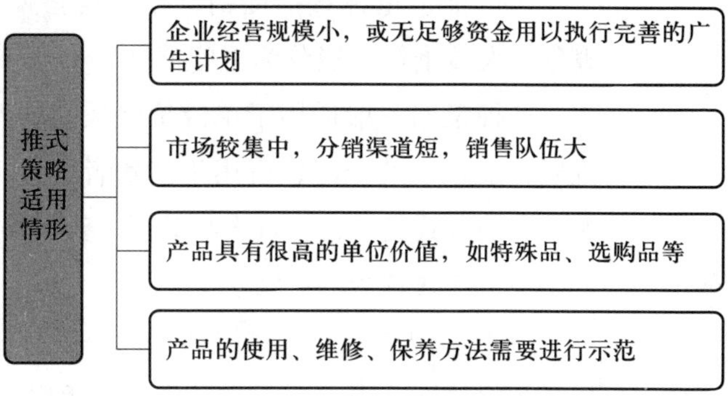

图 2–8　推式策略适用情形

（2）拉式策略

拉式策略是指采取间接方式，通过广告和公共宣传等措施吸引最终消费者，使消费者对企业的产品或服务产生兴趣，从而引发购买欲望和购买行为。其作用路线是企业将消费者引向零售商，将零售商引向批发商，将批发商引向生产企业。其适用情形如图 2–9 所示。

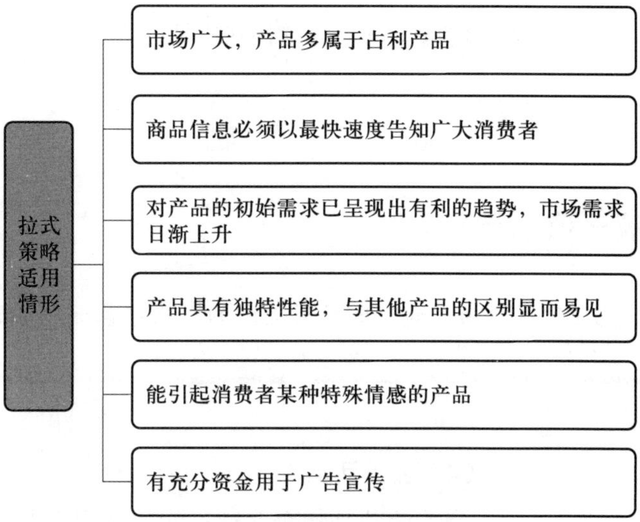

图 2–9　拉式策略适用情形

2. 常用促销策略

常用的促销策略有人员推销、广告宣传、营业推广、公关活动等。

（1）人员推销

人员推销也称直接促销，是指销售人员直接向顾客推销产品或服务。人员推销一般分为上门推销、柜台推销、会议推销三种基本形式。这种策略一般适用于单位价格较高的产品、需要作示范的产品、流通渠道较短的产品，可用于消费者数量小、市场比较集中的情形。人员推销方式灵活、注重人际关系、针对性强，能及时促成购买。

（2）广告宣传

广告宣传是指企业在媒体上向公众传递产品或服务信息的活动，是企业促销活动中最有效和最常用的手段。广告按其内容，可分为产品广告、服务广告和公共关系广告。

（3）营业推广

营业推广又称销售促进，是指企业在某一段时间内采用特殊手段对消费者或中间商实行强烈刺激，以促进销量迅速增长的一种策略。营业推广中面向消费者的常用方式包括直接折扣、赠送礼品、发放优惠券、抽奖促销、搭配促销、以旧换新、组织活动等；面向中间商的常用方式包括返利折扣、促销费用补贴、旅游奖、实物奖、装修扶持、代培支持、促销物料支持、促销礼品支持等。

议一议

说说你在商场或超市购物时见到的一次印象深刻的营业推广。

（4）公关活动

公关活动是指企业通过沟通使自己与公众相互了解、相互适应，以争取公众理解、支持的一系列管理活动。它能改善企业同社会公众的关系，帮助其在社会上建立良好的形象，为企业创造一个有利的营销环境。公关活动一般有以下几种方式：利用新闻媒介宣传报道，赞助和支持各项公益活动，参加各种社会活动，策划公关广告，印制企业宣传品，建立健全企业内部的公共关系制度等。

案例链接

某品牌汽车企业的营销策略

某品牌汽车企业创建于1916年，总部设在德国慕尼黑，其品牌享誉世界。那么，该品牌是如何通过市场营销策略打造产品系列和品牌认知的呢？

1. 产品策略

该品牌的核心价值是“驾驶的乐趣和潇洒的生活方式”。该企业全力提升汽车的操控性能，使驾驶汽车成为一种乐趣、一种享受。在整体的品牌核心价值统领下，该品牌每一个系列的车型都存在个性化的差异，以适应不同的消费人群。例如，其三系列的定位是年轻、运动，五系列的定位是商务、运动，七系列的定位是豪华商务，八系列的定位是超级豪华跑车。

2. 价格策略

该品牌的目标在于追求成功的高价策略。该企业采取高价策略的逻辑有：高价意味着其汽车产品的高品质，高价也意味着其品牌的地位和声誉，高价表示其品牌与竞争品牌相比具有专用性和独特性，高价更显示出车主的社会成就。该品牌的高价策略是以企业拥有的优于其他厂商品牌的优质产品和完善的服务特性以及其品牌价值为基础的。

3. 分销策略

该企业早在1985年就在新加坡成立了亚太地区分公司，负责亚洲地区分支机构的销售事务。在销售方式上，该企业采取直销的方式。作为一个独特、个性化且技术领先的品牌，其锁定的顾客并非大众化汽车市场，因此必须采用细致的、个性化的手段，用直接、有效的方式把信息传递给顾客。直销是最符合这种需要的销售方式。该企业在亚洲有数千名直销人员，他们不断创造其品牌汽车的销售奇迹。

4. 促销策略

当今的消费者面对着无数的广告和商业信息，为了有效地将信息传递给目标顾客，该企业采用了广告宣传、公关活动等多种促销方式。

（1）广告宣传

该企业借助电视、报纸、杂志等多种广告媒体开展广告宣传活动。这些宣传活动和广告传播尽可能体现其品牌的核心价值观，即它不仅象征着非凡的制车技术与工艺，还意味着“潇洒、优雅、时尚、悠闲、轻松”的生活方式。

（2）公关活动

该企业定期举行记者招待会，在电视和电台的节目中与顾客代表和汽车专家共同探讨其品牌汽车的性能，让潜在顾客试开其品牌汽车，这些活动也促进了企业与顾客的沟通。

思考与讨论：你觉得该企业哪些营销策略富有创意？

师生连线

教师：请你概括一下该企业营销策略的具体内容。

学生：从产品策略来看，它把自己定位为高端品牌，而非大众化的品牌，并能根据客户的个性化需求开发系列产品；从价格策略来看，它实施的是高价策略，把自己与竞争对手区别开来；从分销策略来看，它采取直销的方式，为客户提供个性化的服务；从促销策略来看，主要采用拉式策略，用广告宣传和公关活动等促销方式吸引市场关注。

教师：你概括得很精练。能不能说说该企业制定上述营销策略的依据是什么？

学生：我觉得主要是基于其自身的技术水平、产品质量和服务质量。

教师：你说的是企业自身的情况。除此之外，还要关注哪些方面？

学生：我觉得还要关注市场需求，毕竟需求是市场营销的核心。

教师：你说得很好。具体地说，该企业关注的是高端消费人群的需求。现在总结一下，搞市场营销，要综合考虑以下几个方面：第一，要分析市场需求，选择目标市场；第二，要依据企业的生产技术水平及经营实力，制定营销策略；第三，要关注市场竞争情况。

第三单元

产品决策

因为其目的是创造顾客，所以企业只有两个基本功能：营销和创新。

——现代管理学之父彼得·德鲁克

产品有寿命吗？产品是有寿命的。任何一个产品都经历研发、制造、销售、改良，甚至最后被淘汰这个完整的生命周期。那么，企业应如何遵循生命周期规律，实行正确的产品决策，使之成为市场常青树呢？

本单元将学习产品生命周期管理与新产品开发、产品品牌与包装等方面的知识。

第一课　产品生命周期及产品定价

学习目标

- 了解产品生命周期的概念及其划分依据。
- 掌握产品生命周期的管理方法。
- 掌握产品定价的方法。

翻转课堂

20 世纪 40 年代，柯达公司推出的首款彩色胶卷——柯达克罗姆是全球第一款取得商业成功的彩色胶卷。该产品不仅横扫全球市场，更是记录了一个又一个标志性的历史事件。柯达利用先进的胶卷技术、广阔的市场覆盖面和一系列的行业合作伙伴关系，为消费者提供不断创新的产品和服务，以满足他们对影像中应蕴含丰富信息的需求。2002 年，柯达公司全球营业额达 128 亿美元，其中一半以上来自美国以外的市场。2004 年 1 月，柯达宣布将停止在美国、加拿大和西欧生产传统胶片相机。随着科学技术的发展，数码相机和手机摄影成为人们青睐的对象。2012 年底，美国最后一家冲洗和晒印柯达胶卷的门店宣布停业，那个曾经畅销世界的彩色胶卷留在了人们的记忆中。

思考与讨论：柯达公司的彩色胶卷经历了怎样的历史变迁？

本课导读

- 产品生命周期及产品定价
  - 产品生命周期
    - 第一阶段：引入期
    - 第二阶段：成长期
    - 第三阶段：成熟期
    - 第四阶段：衰退期
  - 产品定价
    - 影响价格的因素
    - 定价方法

师生连线

教师：柯达公司的彩色胶卷曾经风靡一时，如今已退出历史舞台。大家想想，导致柯达胶卷走向末路的原因是什么？

学生：由于数码技术的发展，智能手机让拍照变得更加便捷，人们对胶片的需求逐渐减少，导致柯达胶卷走向末路。

教师：你还能举出几个已经消失或正被淘汰的产品吗？

学生：过去使用过的MP3随身听，现在已经不多见了。传统的CD、VCD和DVD等光碟也开始走向衰落了。

教师：看来你非常关注生活。就拿随身听来说，过去许多优秀品牌如爱国者、飞利浦、纽曼等都已经停产了。由此可见，产品是有市场寿命的。任何一个产品都经历研发、制造、销售、改良，甚至最后被淘汰这个完整的生命周期。

学生：既然如此，那么企业在产品生命周期的不同阶段，就应当确定不同的营销策略。

教师：是的，这正是本课将要学习的内容。

一、产品生命周期

产品生命周期是产品的市场寿命，即一种产品从开始进入市场到被市场淘汰的整个过程。典型的产品生命周期一般可以分成四个阶段，即引入期、成长期、成熟期和衰退期。各个阶段的销售额和利润额一般符合如图 3–1 所示的规律。

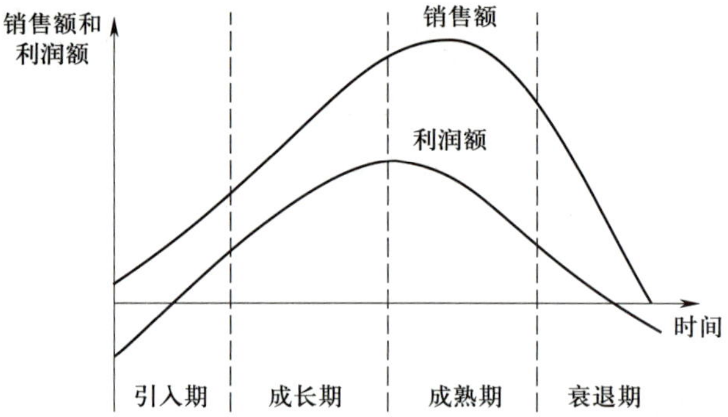

图 3–1 产品生命周期与销售额及利润曲线图

1. 第一阶段：引入期

引入期是指产品从设计、投产直到投入市场进入测试的阶段。此时产品品种少，消费者对产品还不了解，实际购买不多。生产者为了扩大销路，会投入大量的促销费用，对产品进行宣传推广。此阶段不以追求利润最大化为主要目标，甚至有时是亏损的。

案例链接

某品牌手机生命周期产品策略——引入期：打造线下门店的核心竞争力

某品牌手机生产企业创立于 2004 年。近年来，该企业凭借其创新实力和独特的销售手段，在手机市场打造出了自己的天地。那么，该企业是如何在不到20年的时间里迅速发展，跻身一线智能手机厂商的呢？

该品牌手机在产品的外观设计、功能配置和用户体验等方面，注重迎合年轻人和追求高品质生活的消费者的需求，其亮绿色的品牌标识很容易让人记住。该企业非常重视线下销售，在其手机初入市场时就着力打造门店销售渠道，销售门店在二、三、四、五线城市都有分布，能让消费者迅速熟悉其产品。

思考与讨论：该品牌手机在引入期是如何进行产品定位和扩大销路的？

2. 第二阶段：成长期

成长期是指产品试销效果良好，被购买者逐渐接受，产品在市场上站住脚并且打开了销路的阶段。这正是需求增长阶段，需求量和销售额迅速上升，生产成本大幅度下降，利润迅速增长。与此同时，竞争者纷纷进入市场参与竞争，使同类产品供给量增加，市场价格随之下降，企业利润增长速度逐步减慢，最后达到生命周期利润的最高点。

案例链接

某品牌手机生命周期产品策略——成长期：与消费者共成长

该品牌手机从引入期开始，就将消费者定位为追求时尚的年轻人，其产品代言人也都选择了当时在年轻人中人气较高的演艺明星。但其消费者定位并非一成不变，而是随着消费者的成长而成长：当时追求年轻时尚的青年人群慢慢进入消费成熟期，对手机的性能和品质有了不一样的要求，不再仅仅关注手机的外表是否简约大方，而更关注产品内涵的提升。据此，该品牌手机代言人变为成熟稳重、具有硬汉形象的实力派演员，从而把自己的目标消费人群逐渐往中青年阶层扩展。正是通过这种与消费者共同成长的策略，其产品销量得到了持续快速增长。

思考与讨论：该品牌手机在成长期是如何进行产品定位和产品营销的？

3. 第三阶段：成熟期

成熟期是指产品走入大批量生产并稳定地进入市场销售的阶段。经过成长期之后，随着购买产品的人数增多，市场需求趋于饱和。此时，产品普及并日趋标准化，成本低而产量大，销售增长速度缓慢直至转而下降。竞争的加剧导致同类产品生产企业之间不得不加大在产品质量、规格、外观、包装服务等方面的投入力度，这也在一定程度上增加了产品成本。

案例链接

某品牌手机生命周期产品策略——成熟期：外在形象与内在品质比翼齐飞

产品在成熟期，销量本应停滞不前，但该品牌手机的销量持续增长。该企业主要通过以下三种方式，将原有消费者成功转化为品牌支持者并开拓新的消费市场。

第一，更加充分地借势明星构建品牌时尚个性。如为其代言人打造了专属定制机，这带动了代言人的“粉丝”购买。粉丝经济促进了该品牌手机销量持续上涨。

第二，迎合消费者习惯，拓宽销售渠道。该品牌手机逐渐开始注重线上销售。该企业布局线上渠道，其新款手机最开始都是通过网络进行线上销售。

第三，不断创新并利用功能性广告语增加品牌内涵。该企业不但研发出了颇有口碑的手机快充技术，而且其美颜自拍技术也为人称道。与之匹配，其手机广告词除简单易记外，还把产品最大的特点和能吸引消费者的地方突出出来。比如，其某型号手机的广告词为“电充满了，这次我们来聊聊拍照”，既突出了其闪充的优势，又凸显了其美颜拍照功能。这样的产品创新和广告词让消费者感受到其手机产品的不断进步。

思考与讨论：该品牌手机在成熟期是如何进行产品创新和产品营销的？

4. 第四阶段：衰退期

衰退期是指产品进入了淘汰阶段。随着科技的发展以及消费习惯的改变等原因，产品的销售量和利润持续下降，产品在市场上已经老化，不能适应市场需求，市场上已经有了其他性能更好、价格更低的新产品。此时成本较高的企业就会由于无利可图而陆续停止生产，该类产品的生命周期也就陆续结束，以致最后完全退出市场。

二、产品定价

1. 影响价格的因素

价格是决定企业市场份额和利润率的重要因素。影响价格的主要因素如下：

（1）成本因素

成本是影响商品价格的主要因素之一。商品成本包括生产成本、销售成本和储存成本。企业一般通过增加产量降低商品成本，从而降低商品价格。

（2）市场需求因素

一般来说，当商品供不应求时，价格上涨；当商品供过于求时，价格下降。

（3）市场环境因素

市场环境主要指市场的竞争形式。具体地说，市场的竞争程度越高，价格受供求关系的影响越大；市场的垄断程度越高，价格受垄断企业的影响越大。在竞争的情况下，产品价格主要由供求关系决定，买卖双方都是价格的接受者，而不是价格的决定者。如果有企业垄断市场，垄断企业就会对价格有重大影响，当然这种影响也会受到政府干预、消费者反对等情况的限制。

（4）其他因素

除了上述因素以外，还有一些影响商品价格的因素。如具有竞争优势的商品价格高，反之价格低；经济繁荣时，需求量大的商品价格高，反之价格低；在流通中的货币过多（通货膨胀）时价格高，币值稳定时价格低。

练一练

请分析并讨论以下案例中影响价格的因素，填到表 3–1 中。

表 3–1　价格变动的案例分析

案例情景	影响价格的因素
下雨了，露天菜场上的蔬菜降价抛售	
同一种西瓜，刚上市每斤卖到几元，大量上市后只卖几角	
羽绒服在东北卖出高价，在海南降价也少有人买	
石油输出国组织宣布减产原油，世界油价上涨	
某地突遭冰雪灾害，相关生活用品的价格上涨，但在政府强有力的调控下，物价很快稳定下来	

2. 定价方法

定价方法是企业在特定的定价目标指导下，依据对成本、需求及竞争等状况的研究，运用价格决策理论，对产品价格进行计算的具体方法。定价方法主要有以下三种类型：

（1）成本导向定价法

成本导向定价法是以产品单位成本为依据，再加上预期利润来确定价格。这是最基本的定价方法。

案例链接

某家电企业的成本领先定价策略

我国南方某家电企业主要从事微波炉和其他家电产品的生产和销售。该企业实施“总成本领先”战略，依托强大的生产规模和成本控制能力，保持对竞争对手的成本优势和价格战资本。凭借总成本领先，其销售规模每上一个台阶就大幅降价，不断提升微波炉行业的“入门标准”。生产规模到达 125 万台时，该企业就把出厂价定在规模为 80 万台企业的单台价格之下；规模达到 300 万台时，又把出厂价调到规模为 200 万台企业的单台价格以下。这样，该企业利用规模优势，在价格上击败了一些中小企业，占领了微波炉市场。

思考与讨论：该企业微波炉产品成本导向定价成功的原因有哪些？

（2）竞争导向定价法

在竞争激烈的市场上，企业通过研究竞争对手的生产条件、服务状况、价格水平等因素，依据自身的竞争实力，参考成本和供求状况来确定商品价格。这种定价方法就是通常所说的竞争导向定价法。它主要包括以下内容：

1）随行就市定价法。如果市场具有足够的竞争性，任何一个企业都无法凭借自己的实力在市场上取得绝对优势。为了避免价格竞争带来的损失，大多数企业都将产品价格定在市场平均价格上，利用这样的价格来获得平均报酬。比如，大米、面粉、食用油以及某些日常用品，均采用随行就市定价法。采用这种定价法，企业就不必去全面了解消费者对不同价差的反应，也不会引起价格波动。

2）产品差别定价法。产品差别定价法是指企业通过不同营销努力，使同种同质的产品在消费者心目中树立起不同的产品形象，进而根据自身特点，选取低于或高于竞争者的价格作为本企业产品价格。因此，产品差别定价法是一种进攻性的定价方法。

3）密封投标定价法。许多大宗商品、原材料、成套设备和建筑工程项目的买卖和承包等，往往采用发包人招标、承包人投标的方式来选择承包者，确定最终承包价格。一般来说，招标方只有一个，处于相对垄断地位，而投标方有多个，处于相互竞争地位。标的物的价格由参与投标的各个企业在相互独立的条件下确定，在买方招标的所有投标者中，报价最低的投标者通常中标，它的报价就是承包价格，这样一种竞争性的定价方法就称密封投标定价法。

（3）需求导向定价法

需求导向定价法，即根据市场需求状况和消费者对产品价值的理解和需求的强度来确定价格的定价方法。

师生连线

教师：学习了产品生命周期的相关知识后，你有哪些启示？

学生：企业要根据产品生命周期规律，确定生产规模，制定价格策略，并采取有效的营销手段，才能实现预期的销量和利润。

教师：假如这个产品已经没有市场了，优化营销手段还有效吗？

学生：通常难以奏效吧。

教师：那企业应该怎么做呢？

学生：既然产品已经面临淘汰，那只能尊重市场规律放弃生产。从另外一个角度来说，任何一家企业都要未雨绸缪，不断进行产品创新，适应市场需求。

教师：你说得很好。一位企业家说："不创新就会被消灭。"只有注重技术创新，打造新的产品，才能吸引市场关注，获得持续发展。下一课，我们将学习新产品开发等方面的知识。

第二课 产品决策

学习目标

- 理解新产品的概念。
- 掌握新产品开发的过程。
- 了解产品品牌和包装决策的内容。

翻转课堂

“美酒加咖啡，就爱这一杯”，2023年9月4日，单杯定价38元，券后售价19元一杯的“酱香拿铁”（图3–2）火遍全网。

酱香拿铁是贵州茅台与瑞幸咖啡联合推出的一款联名咖啡。这款咖啡以茅台酒为灵感，采用了白酒风味厚奶，再配以丝滑拿铁，口感独特。

在瑞幸咖啡与贵州茅台战略合作启动仪式上，茅台集团董事长表示，联名发布的酱香拿铁，正是围绕“+茅台”，拓展“美生活”产业幅，构建多元化美生态的积极尝试。瑞幸咖啡董事长称，在过去几个月里，双方团队经过多轮严格的产品口味测试和优化调整，才有了今天酱香拿铁的最终问世，“每一杯都含有53度贵州茅台酒，这将是年轻人的第一杯酱香拿铁”。

图3–2 酱香拿铁

此前，茅台集团与蒙牛乳业联合推出的茅台冰淇淋一上市，就引发了广大用户的积极追捧。2023年5月，茅台冰淇淋上市周年庆典发布了茅台冰淇淋的销售业绩——一年累计销售近1 000万杯。从冰淇淋到咖啡，茅台跨界停不下，它的下一个跨界是什么呢？

思考与讨论：酱香拿铁为什么能够爆红？你从中获得了哪些启示？

本课导读

- 产品决策
  - 新产品开发决策
    - 新产品的概念
    - 新产品的开发过程
  - 品牌决策
    - 品牌的含义
    - 品牌名称决策
    - 品牌标识
  - 包装决策
    - 包装的含义
    - 产品包装策略

师生连线

教师：酱香拿铁为什么能够全网刷屏？

学生：年轻人是咖啡的主要消费群体，而年轻人总是喜欢新潮且口味独特的饮品。瑞幸咖啡有了高端白酒茅台的加持之后，一下子就吸引了年轻人的关注和追捧。

教师：那能不能说酱香拿铁创造了某种需求？

学生：可以这样说，因为它满足了年轻人的某种消费心理：茅台消费不起，但喝一杯酱香咖啡总可以吧，毕竟融入茅台的咖啡能给人一种高端感受。

教师：是的。酱香拿铁是贵州茅台和瑞幸咖啡的一次创新尝试，它将中国传统的酱酒文化与西方的咖啡文化融为一体，不仅给消费者带来了独特的味觉体验，也让消费者获得了一种心理满足。这进一步说明，只有深入了解消费者的需求，不断创造新的产品，才能更多地赢得市场。

新产品的出现不是偶然现象，而是企业顺应时代的发展，深入了解消费者的需求，根据一定的流程和策略，进行产品和品牌设计和开发的结果。因此，掌握产品创新和管理的方法，对于企业管理人员来说，是十分必要和重要的。

一、新产品开发决策

1. 新产品的概念

新产品是指结构、性能、材料、外观等某一方面或几个方面与已有产品有明显差异的产品。其具体类型见表 3–2。

表 3–2　新产品的类型

类型	含义	举例
新发明的产品	是指以前从来没有的首创产品	汽车、飞机、计算机的问世
更新换代的产品	是指利用新技术对原有产品进行一定程度的改良后获得的产品	电子计算机的换代，从电子管、晶体管、集成电路到大规模集成电路的第四代，及具有人工智能的第五代
改革后的产品	是指对原有产品进行改革后获得的产品	把普通牙膏改进为药物牙膏，把普通洗衣机改进为多功能洗衣机
仿制的新产品	是指对市场上已有的新产品进行局部改进和创新，但保持基本原理和结构不变而仿制出来的产品	对市场上已有的新型智能手表进行局部改进和创新的产品

练一练

你在使用哪些新产品或发现周边有哪些新产品？请举几个例子。

2. 新产品的开发过程

新产品开发绝非易事，不仅需要投入大量资金，而且具有很大风险，一般新产品的失败率高达 80% 以上。无法实现商业目标是新产品失败的主要原因，其他原因还有商业化较慢、销售区域选择不佳、与竞争产品的差异性不大、包装问题等。新产品开发遵循一定的过程，可以避免一定的风险。

新产品开发由以下七个阶段构成，如图 3–3 所示。

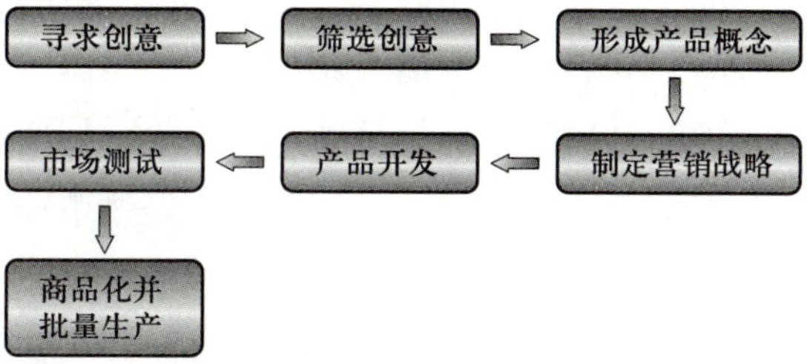

图 3–3　新产品的开发过程

（1）寻求创意

创意是开发新产品的设想。要尽量依靠顾客、研究人员、竞争对手、咨询公司等外在力量，以及企业内部营销人员、管理人员等内在力量，寻求尽可能多的创意，为新产品开发提供较多的机会。

（2）筛选创意

对已获得的创意进行可行性评估，选出可行性高的创意。甄别创意时要考虑两个因素：一是是否与企业的战略目标（如利润目标、销售目标、形象目标等）相适应；二是企业是否有能力（包括资金能力、技术能力、销售能力、人力资源能力等）开发这种新产品。

（3）形成产品概念

将选出的产品创意发展成产品概念。产品概念与产品创意不同：产品创意是指企业从自身角度考虑，能够向市场提供的产品构想；产品概念是指企业从市场角度考虑，对产品创意所作的描述。以新型飞行汽车为例，产品创意需要从企业角度考虑飞行汽车的结构、制造过程、管理过程、成本等，产品概念则需要从市场角度考虑其用途、价格、外观、质量、售后服务等。

（4）制定营销战略

形成产品概念后，需要制定市场营销策略。企业营销管理者还需要复查新产品预计销售额、成本、利润等是否符合企业的目标。如果符合，就可以进行新产品开发。

（5）产品开发

产品概念通过商业分析后，研发部门及工程技术部门就可以将产品概念转变为产品，进入试制阶段。

（6）市场测试

如果对新产品开发试验结果满意，就可以对这种新产品制定初步的产品决策，包括品牌、包装等，将新产品推向市场进行试验，测试目标客户是否对产品感兴趣。经过市场试验，企业可以掌握足够的信息来决定是否将这种新产品投放市场。如果测试不通过，企业将根据问题重新修改产品创意或重新进行产品开发。

（7）商品化并批量生产

如果企业决定将产品推向市场，就必须投入资金，包括建设或租用全面投产所需的设备费用和市场营销费用。此阶段生产规模的大小是至关重要的决策。慎重起见，很多企业都把生产能力限制在所预测的销售额内，以免新产品收不回成本。

二、品牌决策

1. 品牌的含义

品牌是产品规定的商业名称，一般包括名称、标志、商标等元素（表 3–3）。品牌是用于识别和区分本企业或产品与其他企业或产品的标识。品牌是产品的一部分，是企业或产品在市场上建立知名度和声誉的重要组成部分。

表 3–3　品牌包括的元素

元素	含义	特点及作用
名称	是指品牌中可以用语言称呼的部分，如采芝斋、安踏、大众等	通常具有独特性、易于记忆和易于发音等特点，以便消费者能够轻松地识别和记住该产品

续表

元素	含义	特点及作用
标志	是指品牌中可以被认出，但不能用语言称呼的部分	通常用于产品的包装、广告和营销材料中，以增强品牌的识别度和吸引力
商标	是指已注册并受法律保护的一个品牌或品牌的一部分	

一般从以下几个方面理解品牌的含义：

（1）属性

属性是产品本身的特性。一个品牌使人想到的，首先便应该是它的某种属性。当人们可以识别品牌的某种属性时，企业便完成了品牌化的第一步。

案例链接

人们一提到华为，便想到高科技、多功能、国际化等属性；一提到比亚迪，便想到绿色出行、科技创新、安全便利等属性。

思考与讨论：请以小组为单位列举几个知名品牌，并讨论它们的属性。

（2）利益

利益是指属性所转化成的功能性或情感性的利益。人们购买商品，实际就是为了获得属性所能转化的利益。其中，功能性利益是指产品为消费者提供了所需要的功能；情感性利益是指产品给消费者带来的心理上的满足和情感上的愉悦。

案例链接

一部智能手机能够提供通信、娱乐、互联网访问、拍照、导航等多种功能，能够满足顾客的多种需求，这些是功能上的利益；拥有一部时尚、酷炫的手机，能让顾客感到愉悦，便是情感上的利益。

思考与讨论：请以你购买和使用的某个商品为例，说说它的功能性利益和情感性利益。

（3）价值

品牌可以说明生产者的某种自身价值。品牌的价值体现在其声誉、形象、服务等各个方面。对于消费者来说，选择一个品牌就是选择一个产品供应商、一个服务提供商。品牌的价值直接影响到消费者的购买决策。

案例链接

“茅台”品牌代表其生产者的工艺独特、坚守传统、匠心严谨等；“奔驰”品牌代表其生产者的高绩效、安全、声望等。这些便是生产者的价值，是其品牌所包含的较深层次的含义。

（4）文化

品牌本身也可能代表着某种文化。如果一个品牌具有了文化内涵，则该品牌就比较成熟了。因为属性和利益都可以模仿，但文化却不是轻易能模仿的。通常，钟爱某种文化的消费者会选择代表这种文化的品牌。

案例链接

北京同仁堂（图 3–4）秉承“炮制虽繁必不敢省人工，品味虽贵必不敢减物力”的古训，产品以配方独特、选料上乘、工艺精湛、疗效显著而享誉海内外。其品牌蕴含着深厚的中医文化。

图 3–4　北京同仁堂

思考与讨论：你喜欢哪几个品牌的食品？想一想，这里头包含了怎样的文化？

（5）个性

品牌个性是消费者认知中品牌所具有的人类人格特质，如真诚、勇敢、快乐、亲切等。一个成熟的品牌是有灵魂、有个性的，是活生生的。一个品牌的个性与消费者的个性或期望个性越吻合，消费者就越会对该品牌产生偏好。

案例链接

娃哈哈从做儿童营养食品起家，从事食品饮料的研发和制造。无论是听到“娃哈哈”的读音，还是看到“娃哈哈”的商标或卡通儿童形象

（图 3–5），都能让人感受到一种健康、快乐、活泼、可爱的个性。

图 3–5　娃哈哈卡通儿童形象

思考与讨论：请举出几个你认为很有个性的品牌，并作简要描述。

（6）用户

品牌还暗示着购买或使用产品的消费者类型。品牌的用户是由品牌的价值、文化和个性等所决定的。当人们可以识别品牌的用户时，品牌的含义便更加清晰了。

练一练

通过调研，并结合自己的消费体验，填写表 3–4。

表 3–4　品牌可能暗示的消费者类型举例

消费者类型	举例
可能暗示年轻、时尚、活力等消费者类型	
可能暗示成熟、高贵、优雅等消费者类型	

2. 品牌名称决策

品牌名称决策是指企业决定所有的产品使用统一品牌还是分别使用不同品牌。常用的品牌名称决策模式见表 3–5。

表 3–5　常用的品牌名称决策模式

决策模式	含义	优点
个别品牌策略	对不同产品及品种使用不同的品牌	有利于增加销售额和竞争力，还可以分散风险，使企业的整体声誉不会因某种产品表现不佳而受到影响
统一品牌策略	所有产品都使用同一个品牌	有利于统一企业的产品形象，便于公众识别、记忆企业，提高企业知名度，同时还可节约品牌与商标的设计和广告促销费用
分类品牌策略	在分类的基础上，对各类产品使用不同的品牌	所建立起来的品牌知名度能为所有产品共享，并且通过广告传达其独特承诺，推出新产品也不需要很大的成本
个别品牌名称与企业名称并用	不同类别的产品分别采取不同的品牌名称，且在品牌名称之前都加上企业的名称	在新产品的品牌名称上加上企业名称，可以使新产品享受企业的声誉，而采用不同的品牌名称，又可使各种新产品显示出不同的特色

练一练

请就以上四种品牌决策模式分别举出几个例子。

3. 品牌标识

品牌标识是构成品牌的视觉要素，包括文字标识和非文字标识

（通常称为符号）。一个品牌可以包含两者或其中之一。在进行品牌标识设计时，要注意造型的独特性，使其与竞争者区分开来。品牌标识要简洁明了，避免复杂、歧义和累赘，还要尊重当地消费者的偏好以及传统文化。

案例链接

华为技术有限公司的标识（图 3–6）中，文字标识为其中文名“华为”和汉语拼音“HUAWEI”，非文字标识为扇形标志。中国工商银行的标识（图 3–7）中，文字标识为汉字“中国工商银行”及其英文首字母组合“ICBC”，非文字标识为内镶嵌“工”字的红色圆圈符号。

图 3–6　华为品牌标识

图 3–7　中国工商银行品牌标识

三、包装决策

1. 包装的含义

包装是指设计并生产容器或包扎物的一系列活动。这种容器或包扎物也被称为包装。包装可以包括多达三层（见图 3–8）。

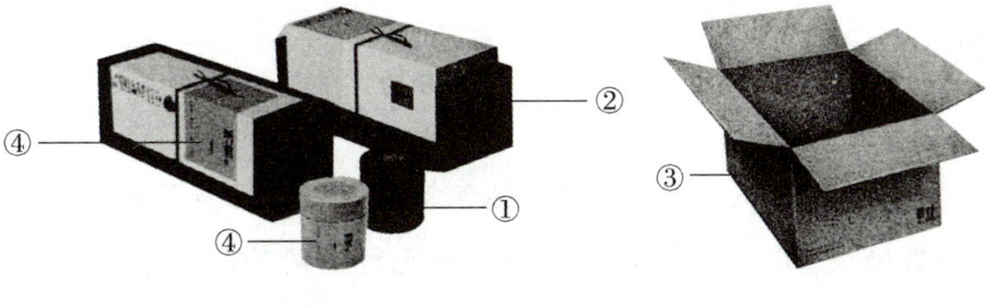

a) b)

图 3–8　三层包装样式

a）第一层和第二层包装　b）第三层包装

①第一层包装最接近产品。

②第二层包装保护第一层并吸引顾客购买。

③第三层包装是运输包装，为产品储存、辨认和运输提供便利。

④标签上记录产品信息。

案例链接

产品包装也可以创新。例如，某饼干公司发明了具有保鲜装置的包装，延长了饼干的保质期。又如，某食品公司开发了听装混合乳酪，延长了乳酪的保质期。这些包装创新均为公司赢得了良好的声誉。

思考与讨论：哪些商品的包装给你留下了深刻的印象？谈谈你对这些包装的看法。

2. 产品包装策略

（1）类似包装策略

类似包装策略，即企业对其产品采用相同的图案、近似的色彩、相同的包装材料和包装造型进行包装，方便顾客识别出本企业产品。对于忠实顾客，类似包装无疑具有促销的作用，企业还可因此节省包装的设计、制作费用。但类似包装只适用于品种差别小、质量基本一致的产品，并不适用于品种差异大、质量水平悬殊的产品。

案例链接

农夫果园的果汁采用了类似包装策略，“番茄＋草莓＋山楂”“菠萝＋芒果＋番石榴”“胡萝卜＋苹果＋橙”等几种不同的混合果汁的包装（图 3–9），都是相似的。

图 3–9　农夫果园混合果汁包装

思考与讨论：你能举出哪些采用类似包装策略的例子？这种包装策略对你做出购买商品的决定是否有影响？有怎样的影响？

（2）配套包装策略

配套包装策略，即将数种有关联的产品配套包装在一起成套供应，便于消费者购买、使用和携带，同时还可扩大产品的销售。在配套产品中若加进新产品，还可以起到向消费者推销新产品的作用。

案例链接

三只松鼠的坚果零食组合大包装，包含碧根果、炭烧腰果、芒果干、曲奇饼干等 7 包零食，一个套餐可尝到 7 种零食（图 3–10）。

图 3–10　三只松鼠坚果零食组合包装

思考与讨论：一家原本以有机鸡蛋和鸭蛋为拳头产品的农场，近期开发了咸鸭蛋、蛋黄酱等产品，又投资建设了一家牧场，向市场提供鲜牛奶、酸奶等产品，还和另一家食品企业合作销售坚果、麦片。如果用配套包装策略帮助这家农场推销新产品，可以怎样做？

（3）再使用包装策略

再使用包装策略，即包装内的产品使用完后，包装物还有其他的用途。如各种形状的香水瓶可作装饰物，精美的食品盒可用来装糖果或其他物品等。这种包装策略可使消费者一物多用，引起其购买欲望，而且包装物的重复使用也起到了对产品的广告宣传作用。但使用时也需谨慎，避免因成本加大导致商品价格过高而影响产品的销售。

议一议

在你的生活用品中有再使用包装吗？从再使用包装的角度，谈谈“买椟还珠”这个成语故事的商业意义。

（4）附赠包装策略

商品包装内附赠奖券或实物，或包装本身可以换取礼品，以吸引顾客重复购买。

案例链接

我国出口的芭蕾珍珠膏，每个包装盒内附赠珍珠别针一枚，顾客购至50盒即可串成一条美丽的珍珠项链。这使珍珠膏在国际市场十分畅销。

思考与讨论：请你帮助芭蕾珍珠膏设计一套新的附赠包装方式。

（5）改变包装策略

改变或放弃原有的产品包装，改用新的包装。由于包装技术、包装材料的不断更新，消费者的偏好不断变化，可以采用新的包装以弥补原包装的不足，但企业在改变包装的同时必须做好宣传工作，以免消费者认为产品质量下降或产生其他误解。

师生连线

学生：老师，这个单元我们学习了产品决策，上个单元我们学习了产品策略。请问产品策略与产品决策有什么不同？

教师：你先回忆一下产品策略的概念。

学生：产品策略是企业制定经营战略时，首先要明确企业能提供什么样的产品和服务去满足消费者的需求。

教师：产品策略主要包括哪些内容？

学生：主要包括产品如何定位，向市场推出哪些产品，如何进行产品组合。

教师：那本单元我们学习了哪些知识呢？

学生：我们学习了产品生命周期管理、产品定价、新产品开发、产品品牌与包装决策等方面的知识。

教师：很好。产品决策主要是企业针对外部市场和消费者所做的决策，而产品策略是针对具体产品制定和实施的更具体的策略。

学生：那能不能说产品策略是产品决策的进一步细化和具体化呢？

教师：你的理解是正确的。产品策略和产品决策都是为了使企业能够开发出好的产品，并在市场上获得成功。它们都需要考虑市场需求、市场竞争情况和企业自身能力等因素，以确保产品营销的社会效益和经济效益。

学生：理解了，谢谢！

第四单元

生产与物流

持续不断地改善计划、生产与服务的系统，以改善质量与生产力，如此成本也会不断降低。

——质量管理大师戴明

有了好的产品决策方案，还要通过生产制造才能变成产品；有了好的产品，还要通过物流才能到达用户的手中。那么，企业是怎样生产运作的？物流就是运输吗？

本单元将学习企业生产系统、企业生产运作流程及企业物流等方面的知识。

第一课　企业生产过程

学习目标

- 理解生产与生产系统的基本概念。
- 能够针对简单案例，分析生产运作流程，并绘制生产运作流程图。
- 理解精益生产的主要思想。

翻转课堂

改革开放以来，我国经济发展取得了举世瞩目的成绩。消费现象从“按票证配给”演进到消费者不仅能足不出户选购所需商品，还能为自己设计独特的商品特性。社会风貌能取得这样巨大的变化的直接原因是我国制造业较改革开放之初已有飞跃发展，产品得到了极大丰富。当前，新工业革命风起云涌，充满机遇和挑战。我国企业的产品要在国际市场上赢得长期声誉，还有一段路要走。党的二十大报告强调，“坚持把发展经济的着力点放在实体经济上，推进新型工业化”，提出要推动制造业高端化、智能化、绿色化发展，推动战略性新兴产业融合集群发展，推动现代服务业同先进制造业、现代农业深度融合。

思考与讨论：什么是新型工业化？在新型工业化背景下，中国企业应如何打造核心竞争力？

本课导读

- 企业生产过程
  - 生产与生产系统
    - 企业生产系统概述
    - 企业生产系统分类
  - 生产运作流程分析
    - 生产运作流程的构成要素
    - 生产运作流程描述
  - 精益生产
    - 坚持需求导向
    - 消除一切浪费
    - 持续改善流程
    - 提高员工素质
    - 全员参与改善

师生连线

教师：党的二十大报告提出，到 2035 年要基本实现新型工业化。那么，什么是新型工业化？

学生：新型工业化是相对于传统工业模式而言的。传统工业模式虽然创造了丰富的物质财富，但是资源环境消耗较高，而新型工业化不是只强调工业增加值，更要做到“科技含量高、经济效益好、资源消耗低、环境污染少、人力资源优势得到充分发挥”。

教师：你回答得很好。那么，在新型工业化背景下，中国企业应如何打造核心竞争力？

学生：企业应顺应新型工业化潮流，制定正确的战略决策，加强技术创新，完善产品质量，注重品牌建设和渠道拓展等。

教师：诚然，技术创新能够提高产品质量，市场营销有助于稳定和扩大市场占有率，而企业的内部管理也十分重要。高效率的生产运营管理能够降低生产成本，提高企业的盈利能力。

学生：没有生产就没有产品。看来，生产运营管理是企业管理的基本职能与核心内容之一。

教师：是的。新型工业化不仅要求企业开展智能化、绿色化技术创新，而且要求企业将精益生产的运营管理理念与数字化系统相融合，通过智能决策与持续改善，打造高效率的生产运营管理体系，实现高质量发展。

一、生产与生产系统

1. 企业生产系统概述

生产是把生产要素（人、财、物、信息、方法等）输入生产系统内，经过生产与作业过程，转换为有形的产品或无形的服务。这个"输入—加工转化—输出"系统就是生产系统（图 4–1）。生产管理是对生产进行计划、组织和控制等管理活动的总称。

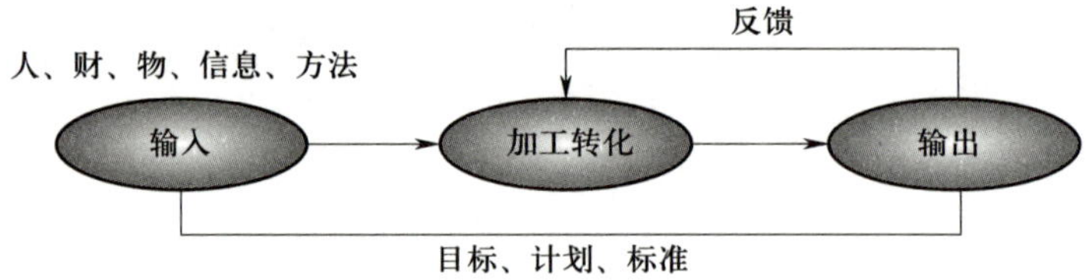

图 4–1　企业生产系统组成

典型的转化过程有以下几种：①物理过程，如制造过程。②位置移动过程，如运输过程。③交易过程，如零售过程。④数据交换过程，如电信交流、金融服务过程。表 4–1 列出典型组织的输入、转化和输出内容。

知识卡片

一些典型组织的输入、转化和输出内容见表 4–1。

表 4–1　一些典型组织的输入、转化和输出内容

典型组织	主要输入	转化	主要输出
工厂	原材料	加工制造	产品
物流公司	甲地的物资	位移	乙地的物资
修理厂	工具与配件	修理	修好的器具
咨询中心	情况、问题	咨询	建议及解决方案

2. 企业生产系统分类

不同形式的生产系统在运作方式上有很大区别。按照输出品的性质，生产可分为制造型生产和服务型生产。

（1）制造型生产

制造型生产是通过物理或化学作用将有形输入转化为有形输出的过程。例如，汽车制造、钢铁冶炼、石油化工和食品生产等都属于制造型生产。

1）按生产工艺过程的特点，制造型生产可以分为流程型生产与离散型生产，其概念及生产特点见表 4–2。

表 4–2　制造型生产按生产工艺过程的特点分类

类型	概念	特点	举例
流程型生产	是指物料均匀、连续地按一定工艺顺序移动，并不断改变形态和性能，最后形成产品的生产	一般生产设施地理位置集中，生产过程自动化程度高，生产协作与协调任务较少	炼油、化工、冶金、食品、造纸等（图 4–2）
离散型生产（也称加工装配式生产）	是指物料离散地按一定工艺顺序移动，在移动中不改变形态和性能，最后形成产品的生产	产品由离散的零部件装配而成，构成产品的零部件可以在不同地区甚至不同国家制造	机床、汽车、柴油机、锅炉、船舶、家具、电子设备、计算机、服装等产品的制造（图 4–3）

图 4–2　食品的流程型生产

图 4-3　汽车和家具的离散型生产

2）按生产的重复程度来分类，制造型生产又可以分为单件生产、成批生产和大量生产，其概念见表 4-3。实际生活中，绝对的单件生产和大量生产较少出现，更多的是成批生产。

表 4-3　制造型企业按生产的重复程度分类

类型	概念	举例
单件生产	是指根据用户的特定要求组织生产或服务	船舶制造、医疗保健等
成批生产	是指品种多、产量较大、若干种产品成批轮换生产	家用电器的生产
大量生产	是指大批量生产一种或少数几种标准化产品	标准件的生产

练一练

仿照表 4-4 中的示例，再举出两例。

表 4-4　制造型生产企业举例

制造型生产企业	主营业务	类型
中国船舶集团	船舶生产	离散型、批量生产
上海冠生园	食品生产	流程型、大量生产

（2）服务型生产

服务型生产，又称为非制造型生产，其基本特征是不制造有形产品，但有时为实现服务而提供非自己生产的有形产品。服务行业多从事服务型生产。

1）按照是否提供有形产品，可将服务型生产分成纯劳务服务和一般劳务服务，见表 4–5。

表 4–5　服务型生产按是否提供有形产品分类

类型	概念	举例
纯劳务服务	不提供任何有形产品	咨询、法庭辩护、指导和讲课等
一般劳务服务	提供非自己生产的有形产品	批发、零售、运输等

2）按顾客是否参与，可将服务型生产分成顾客参与的服务型生产和顾客不参与的服务型生产，见表 4–6。

表 4–6　服务型生产按顾客是否参与分类

类型	举例
顾客参与的服务型生产	理发、导游、客运等
顾客不参与的服务型生产	修理、洗衣、货运等

3）按资本或劳动力密集程度，可以把服务型生产分为大量资本密集服务、专业资本密集服务、大量劳务密集服务、专业劳务密集服务四类，见表 4–7。

表 4–7　服务型生产按资本或劳动力密集程度分类

类型	举例
大量资本密集服务	航空服务、酒店服务等
专业资本密集服务	医疗、修理等
大量劳务密集服务	批发、零售等
专业劳务密集服务	律师事务所、专利事务所、会计师事务所等

练一练

仿照表 4–8 中的示例，再举出两例。

表 4–8 服务型生产企业举例

服务型生产企业	主营业务	类型
顺丰速运	快递	一般劳务服务、顾客不参与的服务型生产、大量劳务密集服务
洲际饭店	酒店	一般劳务服务、顾客参与的服务型生产、大量资本密集服务

二、生产运作流程分析

1. 生产运作流程的构成要素

生产运作流程是指组织把投入变成产出的一系列任务，这些任务由物流和信息流有机地连接在一起。生产运作流程的基本要素包括投入、产出、任务、物流、信息流和库存。下面以面包制作过程为例，说明生产运作流程的各个要素。

（1）投入

投入是指为了生产产品或服务所需的人力、物料、设备、能源等资源要素。其中，人工、电力、耗材等投入要素通常消耗在某些具体产品的产出上，而厂房、设备等投入要素是被整个生产运作系统长期利用的。

（2）产出

一个流程的产出可能是产品也可能是服务。在制造业的生产流程中，产成品在流程中可以单独存放，在需要的时候交给顾客。而在服务业的生产流程中，产品的服务和消费是同时发生的，不存在产成品库存。

（3）任务

任务是把投入向产出方向转换的行为。一项任务的完成要使用一定的人力和设备，在一些自动化流程中，也有可能用设备取代人力。在每一项任务中，不仅需要考虑人、机器、方法等各种要素的结合，还需要考虑各任务之间各种要素的适合程度。

案例链接

面包生产的投入

面包生产一般需要面粉、盐、奶粉、酵母等原材料，以及烘烤机等设备。食品厂烘烤一批面包需要多少面粉和电力是比较容易计算的，而面包烘烤机是在生产面包过程中逐渐耗损的。

面包生产的产出

面包生产的产出是成批的面包。

面包生产的任务

面包生产的任务是将面粉、盐、奶粉和酵母等原材料转化成面包。

（4）物流和信息流

任何一个生产运作流程都存在物流和信息流。例如，物料的移动即物流，而物流是在信息流的指挥下完成的。

案例链接

面包生产的物流和信息流

在面包生产流程中，其信息流的形式主要是生产指令和面包制作规程。在生产开始之前，必须将生产的面包种类、所需原料的种类和数量等信息下达给搬运工人，以便工人在规定的时间内将物料送到指定地方。将原料混合方法和混合时间的信息送到混合工序，烘烤时间和烘烤温度的信息送到烘烤工序，面包种类和相应的包装材料的信息送到包装工序。

（5）库存

库存是指原材料、在制品、产成品的停滞或储存。库存不增加产品价值，因此越少越好。流程设计中的一个重要任务就是尽量减少库存。

案例链接

面包生产的库存

在面包生产过程中，需要储备面粉等原材料库存，成品面包在运送出厂之前是产成品库存。

2. 生产运作流程描述

使用流程图，能够简单明了地说明一个流程中包含的作业任务以及这些任务之间的顺序关系和流程中的停顿、检查、库存等情况。

绘制流程图是流程分析的基础，它可以使企业各个环节、各个部门、各个岗位的人员都清楚地看到企业的运作过程，从而实现跨部门、多环节统筹协作。它也是改进流程的基础工具。

案例链接

面包生产流程

图 4–4 描述了一个食品厂的面包生产流程。从中我们可以看出，该食品厂有两条并行的面包生产线，每条生产线有四项主要任务，分别是将面粉、糖、水和酵母混合并发酵，揉制成形，烘烤，包装。图中带箭头的实线表示任务按顺序完成。包装任务前的在制品表示烘烤完毕的面包需要放凉后再包装。一旦包装完毕，面包就被移到产成品放置地，准备运到食品商店。

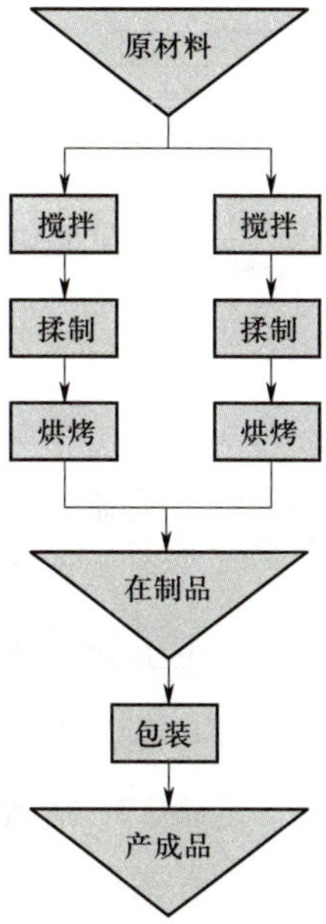

图 4–4　面包生产流程图

知识卡片

生产流程图中的符号都有特定含义，见表 4–9。

表 4–9　生产流程图中的常用符号

符号	含义	解释
	任务	表示流程中使原材料向产品方向变换的行动
	库存	表示原材料、在制品和产成品的停滞与储存
	检查	确认任务是否被有效地执行
	决策点	引导其后流程的不同路径
————————→	物流流向	表示物料流动的方向
- - - - - - - - - →	信息流流向	表示信息流动的方向

三、精益生产

精益生产中的“精”，表示精确、精良，“益”表示利益、效益。精益生产是一种以减少生产过程中的浪费为核心，通过优化生产流程，提高生产效率和产品质量的生产管理模式。它可解决大批生产方式过于臃肿的弊病。精益生产综合了大批生产与单件生产方式的优点，力求在大批生产中实现多品种、高质量产品的低成本生产。

精益生产方式的基本思想是在需要的时候，按需要的量，生产所需要的产品。其主要思想如下：

1. 坚持需求导向

精益生产是一种以客户需求为导向的生产管理方式。它强调在生产过程中实现小批量、多品种、高质量、低成本的生产，以满足客户多样化的需求。

2. 消除一切浪费

精益生产方式追求零库存、零缺陷、零浪费。它认为库存降低了企业资本的流动性，且库存的积压可能会使设备故障及产品质量等问题被掩盖和拖延，因而提出零库存的思想。它还主张去除生产过程中的各种浪费，包括时间浪费、人力浪费、物料浪费、能源浪费等。为此，企业应对生产过程进行全面分析，找出其中存在的种种浪费，然后采取相应措施，消除这些浪费，达到节约成本和提高生产效率的目的。

3. 持续改善流程

消除浪费，提高效益，满足客户多样化的需求的根本途径在于持续改善生产流程，增强生产的灵活性。精益生产主张将生产过程划分为一个个小步骤，并不断优化每一个小步骤，提高整个生产流程的效率和稳定性。

4. 提高员工素质

员工素质是精益生产得以成功实施的关键因素之一。企业要注重员工的技能和素质水平的培养，尤其要注重员工自我管理能力的培养。员工自我管理能力是员工贯彻精益生产思想、有效参与流程改进的前提。

知识卡片

精益生产对员工自我管理能力的要求

精益生产对员工自我管理能力的要求主要包括：①自觉加强对精益生产的理解与认同程度，提高精益思想与意识；②自主学习岗位专业知识，与时俱进提高职业技能，以及在沟通、协作、决策等方面的能力；③能够进行自我约束与激励，培养自信心，提高工作中的主动性、能动性与协作能力；④能够进行有效的时间管理与事项管理等。

5. 全员参与改善

精益生产强调人力资源的重要性，把员工的智慧和创造力视为企业的宝贵财富和未来发展的原动力。精益生产把责任下放到企业的各个层次，只有建立全员参与的文化，鼓励员工发挥聪明才智，使每一个员工全程参与到生产流程的改进之中，才能把缺陷和浪费及时地消灭在每个岗位上。

师生连线

学生：老师，有的书上说“精益生产就是及时制造，消灭故障，消除一切浪费，向零缺陷、零库存进军”，能不能这样理解，“及时制造”就是快速应对市场需求，“消灭故障，消除一切浪费”就是提高效率，降低成本，而“零缺陷、零库存”就是目标？

教师：你前面说的都对，但把“零缺陷、零库存”看成精益生产的目标，不完全正确，精益生产的根本目标是实现生产的高效率、高质量和低成本。

学生：那实现这一目标的主要途径有哪些？

教师：主要包括优化生产流程，强化过程控制，建立持续改进机制等。

学生：追求零库存属于过程控制的范畴吗？

教师：是的，每道工序都要做到“适时、适量、适物”，“物”在生产流程中的数量要适当，传送要及时高效，不产生浪费和拖延。这对企业内部物流计划的制订提出了很高的要求。

学生：我认为，要实现零库存的目标，外部供应链也要快速、精准地适应企业的生产节奏。

教师：是的，你考虑得很全面。企业的物流活动直接影响产品生产销售的效率、成本、质量，从而影响着企业的盈利能力。我们将在下一课学习企业物流的有关知识。

第二课 制造企业物流和零售企业物流

学习目标

- 理解物流的概念。
- 了解制造企业物流和零售企业物流的一般过程。
- 能够针对企业实际情况设计简单的物流方案。

翻转课堂

2019 年 10 月 1 日，庆祝中华人民共和国成立 70 周年的群众游行在天安门广场盛大举行。在规模空前的群众游行队伍中，以“快递小哥”为代表的新职业群体首次出现在方阵当中。这组方阵由 1 000 名快递小哥组成（图 4–5），他们是来自各家快递企业的快递员。

图 4–5 “快递小哥”方阵亮相国庆群众游行

随着互联网的兴起和电商平台的崛起，快递企业迎来巨大的发展契机。快递行业的飞速发展改变了人民群众的消费方式和生活方式，如今收快递已成为国民“新开门七件事”之一。

思考与讨论：当我们在电商平台下单后，就可以查看物流信息，了解物流进程。以你最近一次的网购为例，根据物流信息，画出流程图。

本课导读

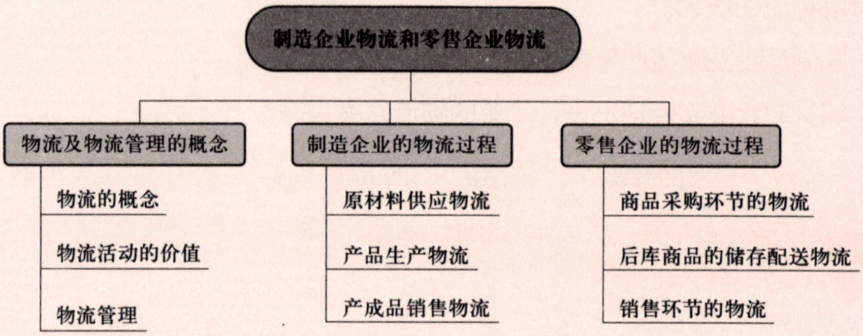

师生连线

教师：自 2014 年起，我国快递业务量跃居世界第一。快递业的发展是我国现代物流业发展的一个缩影。如今，无论是居民生活还是企业生产都离不开物流。那么，什么叫“物流”呢？

学生：物流概念中的“物”是指物质资料吧。

教师：精确地讲，“物”是指有经济意义，并且能够进行物理性位置移动的物质资料。

学生：它具体包括哪些对象呢？

教师：它既包括生产过程中的物资，如原材料、零部件、半成品及产成品，又包括流通过程中的商品，还包括消费过程中的废弃物品。

学生："流"就是物质资料的移动吧？

教师：是的，但这种移动是一种经济活动，不是一般意义上的移动。

学生：这样看，物流就是将物品从一个地方运输到另一个地方的过程。

教师：通俗地讲是这样，但物流不仅仅指运输，还包括储存、装卸、搬运、包装、流通加工、配送、信息处理等诸多环节。比如快递，就包括了包装、配送、装卸、搬运、分拣、储存、信息处理等环节。

学生：看来物流是一个复杂的系统。

教师：是的，物流系统范围广泛，横跨生产、流通、消费三大领域，且随着科学技术的进步和物流技术的提高，物流系统的范围还将不断深化和扩大。

一、物流及物流管理的概念

1. 物流的概念

国家标准《物流术语》（GB/T 18354—2021）将"物流"定义为物品从供应地向接收地的实体流动过程，即根据实际需要，将运输、储存、装卸、搬运、包装、流通加工、配送、信息处理等功能有机结合起来实现用户要求的过程。

2. 物流活动的价值

物流活动是一种创造时间价值、场所价值，有时也创造一定加工价值的活动。这些价值都是物流活动对社会经济和消费者所产生的重要贡献。

（1）时间价值

物品在运输、储存、装卸等环节中需要经过一定的时间，物流活动可以通过合理安排运输工具和运输路径，缩短物品的在途时间，从而创造时间价值。

（2）场所价值

物流活动可以将物品从一个地方运输到另一个地方，从而实现了物品的空间转移，创造了场所价值。

（3）加工价值

物流活动中还包括了流通加工和配送等环节，这些环节可以实现一定程度的加工，例如分拣、包装等，从而增加了物品的附加值。

3. 物流管理

为了以最低的成本达到用户所满意的服务水平，需要对物品流动进行规划、组织、协调与控制。企业对物流活动管理的基本诉求是，在确保所需数量的物品运达目的地的基础上，使各环节实现最佳的协调配合，减少消耗，降低成本，提高效率，提升企业经济效益。

练一练

查阅相关资料，在最新的中国物流企业 50 强榜单中找出你知道的企业，并在表 4-10 中列出它们的主营业务。

表 4-10　中国物流企业举例

物流企业	主营业务

二、制造企业的物流过程

制造企业物流包括原材料供应物流、产品生产物流和产成品销售物流。制造企业的物流过程如图 4-6 所示。

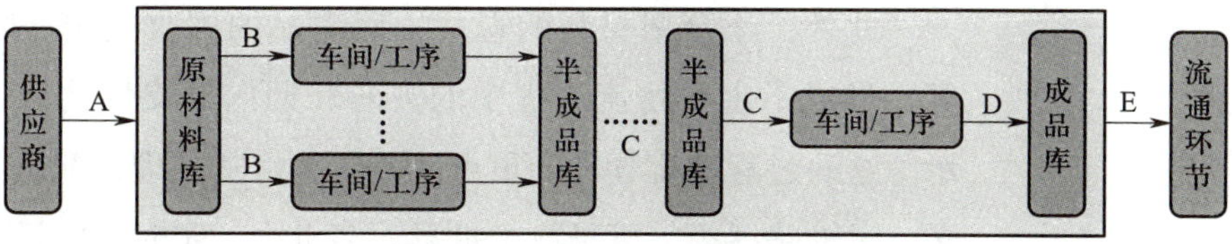

图 4–6 制造企业的物流过程

1. 原材料供应物流

制造企业向供应商订购原材料、零部件，并将其运达原材料库，如图 4–6 中的 A 阶段。这一过程物流管理的重点是建立高效的供应网络，采用高效的采购方式，并保持适当库存。

2. 产品生产物流

在制造企业的车间或工序之间，原材料、零部件或半成品按照工艺流程的顺序依次流过，最终成为产成品，送达成品库暂存如图 4–6 中的 B、C、D 阶段。这一过程物流管理的重点是缩短整个生产的物流时间；提高各生产环节衔接效率；根据工艺过程，选择恰当的物流机械装备等。

练一练

阅读图 4–6，将图中对应阶段的字母填入表 4–11。

表 4–11 产品生产物流过程

物流内容	对应阶段
原材料库直接对各车间或工序供料	
半成品在车间或工序间顺序流动	
成品送入成品库储存	

3. 产成品销售物流

制造企业通过购销或代理协议，将产成品转移到流通环节或最终顾客，如图 4–6 中的 E 阶段。

此外，不合格材料的退货、残次品的回收复用、废弃物的处理等，形成了生产物流过程中的去向和回向分支性物流，如图 4–7 所示。这一过程物流管理的重点涉及顾客订货处理、配送方式、包装水平、运输路线等，可采取少批量、多批次、定时、定量配送等物流方式达到降低成本的目的。

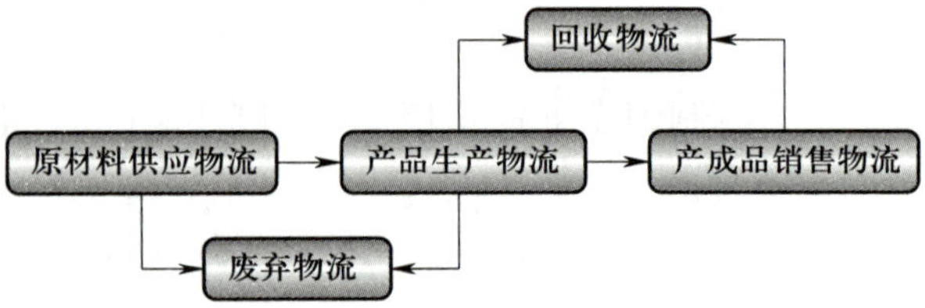

图 4–7　回收物流与废弃物流

练一练

根据本单元第一课中面包生产过程的描述，绘制其从原材料到成品面包的物流图。

三、零售企业的物流过程

零售企业的物流过程主要包括商品采购环节的物流、后库商品的储存配送物流及销售环节的物流。零售企业的物流过程如图 4–8 所示。

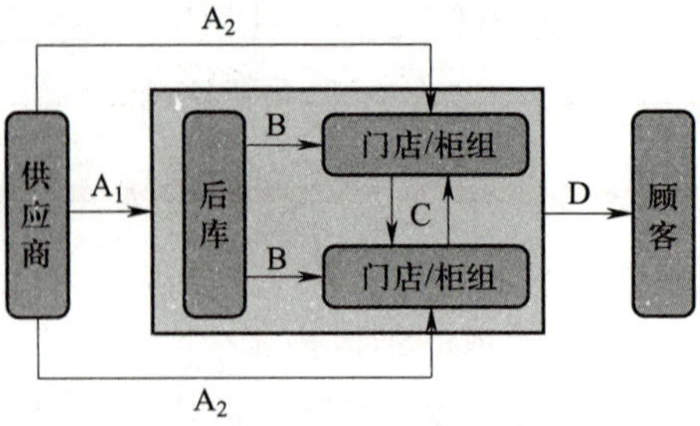

图 4–8　零售企业的物流过程

1. 商品采购环节的物流

在与供应商签订进货协议后，商品按照协议中的途径和方式（如送货上门或零售企业自己提货），由生产企业或批发企业的储存库移动到零售企业的储存库（如图 4-8 中的 A_1 阶段）或直接移动到门店上架（如图 4-8 中的 A_2 阶段）。这一物流过程以运输为主体，包括包装、装卸、搬运等环节。

2. 后库商品的储存配送物流

零售企业各门店或柜组陈列商品，旨在为顾客选购提供方便，数量不会太多。为了避免短时间内的缺货风险，零售企业都会按适当的比例，在其后库（储存库）暂存一定量的商品。而大型连锁超市一般都建有自己的配送中心，用来储存、移动一定量的商品。后库或配送中心储存的商品向门店或柜组的移动物流称为配送，如图 4-8 中的 B 阶段。另外，还存在门店或柜组间的商品调剂所产生的物流，如图 4-8 中的 C 阶段。

3. 销售环节的物流

在直接交易过程中，商品由货架移动到顾客那里。在订货或兼有送货上门服务的销售环节中，商品则是由零售企业备车将商品从后库、配送中心或卖场货架送达顾客指定的场所，如图 4-8 中的 D 阶段。

另外，在采购、进货过程中，发现的不合格商品往往需要退回货主，对配送中心、后库或货架上直接销售过程中的残次品、过期商品，往往需要回收、返送生产企业或将其废弃。这个过程也会产生包装、运输、装卸、搬运等物流作业，如图 4-9 所示。

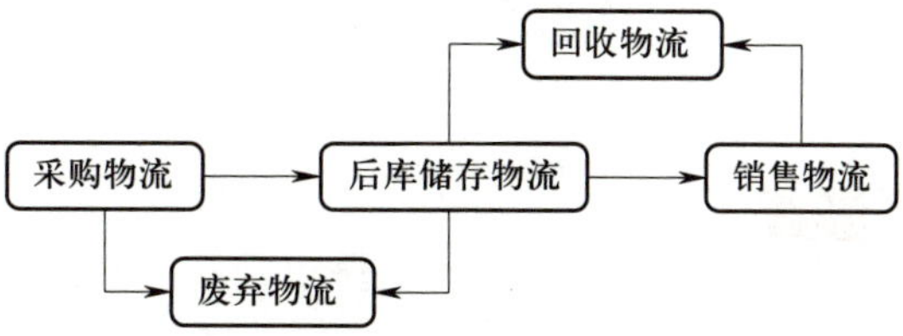

图 4-9 零售企业物流中的回收物流与废弃物流

案例链接

某大型连锁公司共有六种形式的配送中心，用以满足不同情境下的物流管理需要。

1. 干货配送中心

干货配送中心主要用于生鲜食品以外的日用商品进货、分装、储存和配送。该公司这种形式的配送中心数量最多。

2. 食品配送中心

食品配送中心配送的商品包括不易变质的饮料等，以及易变质的生鲜食品等，需要有专门的冷藏仓储和运输设施，直接送货到店。

3. 会员店配送中心

该公司有1/3的会员是小零售商，所以它使用独立的配送中心进行配送。

4. 服装配送中心

服装配送中心不直接送货到店，而是分送到其他配送中心。

5. 进口商品配送中心

进口商品配送中心为整个公司服务，主要作用是大量进货以降低进价，再根据要货情况送往其他配送中心。

6. 退货配送中心

退货配送中心接收店铺因各种原因退回的商品，其中一部分退给供应商，一部分送往折扣商店，一部分就地处理。

思考与讨论：请根据上述描述，绘制该公司各个中心的物流图。

师生连线

学生：老师，制造企业物流和零售企业物流是根据什么分类的？

教师：是根据企业的类型分类的。

学生：物流还有哪些常见的分类方法?

教师：根据物流的作用领域，物流分为生产领域的物流和流通领域的物流。前者贯穿于生产的整个过程，从原材料采购，到生产各流程，再到产成品出厂；后者是指产品通过运输、仓储、配送等环节，从生产地运往销售地，最终送到消费者手中的过程。

学生：这样看来，物流活动不仅存在于企业内部，还存在于企业与企业之间。

教师：对的。根据物流作用的范围，物流可分为企业内部物流和企业外部物流。前者主要是指企业内部的物资流动过程，后者是指企业与其供应链中各企业或各环节相联系的物流活动。当然，物流还有其他的分类方法，感兴趣的同学请在课后查找资料自学。

第五单元

融入企业文化

一个伟大组织能够长久生存下来，最主要的条件并非结构形式或管理技能，而是我们称之为信念的那种精神力量，以及这种信念对于组织全体成员所具有的感召力。

——汤姆·彼得斯、南希·奥斯汀《寻求优势》

一个企业之所以能够生存和发展，并不仅仅依靠其管理模式、资产规模、员工数量、营销水平及产品竞争力，还要依靠其长期发展过程中形成的文化。那么，什么是企业文化？它有哪些功能？我们应当如何融入企业文化？

本单元将带你了解企业文化的概念、功能及核心内容，告诉你如何将企业文化融入日常工作，实现企业与个人的共同发展。

第一课　企业文化内涵

学习目标

- 理解企业文化的基本概念。
- 能在具体案例中指出企业文化的功能。
- 能就具体案例说明企业文化的内容，分析企业经营行为与企业文化的关系。

翻转课堂

企业家张瑞敏曾说：“海尔集团的核心竞争力就是海尔文化，海尔的什么都可以复制，唯有海尔文化是竞争对手复制不了的。”张瑞敏一手缔造的海尔被写入哈佛 MBA 教材。海尔通过“要么不干，要么就争第一”“用户总是对的”“没有成功的企业，只有时代的企业”等特色文化，不断更新企业制度，形成符合时代需求的经营模式，提高企业的核心竞争力，促进企业的持续性发展。

思考与讨论：查阅相关资料，说说企业文化在海尔发展过程中所起的作用。

本课导读

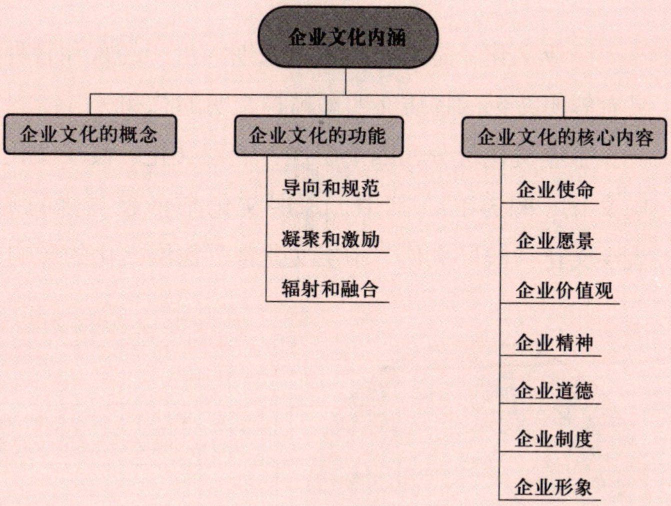

师生连线

教师：举几个例子，说说海尔的企业文化。

学生：海尔前身是一家濒临倒闭的集体小厂，张瑞敏担任厂长之后，果断决策，砸毁 76 台有缺陷的冰箱，昭告社会海尔质量优先的理念。不到四年，他就带领海尔获得了中国电冰箱史上第一枚质量金牌。这件事体现了海尔“要么不干，要么就争第一”的精神。

教师：很好，你还能再举一个例子吗？

学生：有一年，张瑞敏去四川出差，听当地人说海尔洗衣机质量不好，后来查清原因，是当地人用洗衣机洗地瓜，洗衣机经常被泥沙堵塞。随后，海尔科研人员针对当地农民需要，对洗衣机进行了改造。改进后的洗衣机上市后受到了欢迎。我觉得这件事体现了海尔“用户总是对的”的经营理念。

教师：看来你查阅了不少资料，也作了比较深入的思考。质量意识、客户观念、创新意识等都属于企业文化的内容。文化是企业发展最持久的因素，是企业核心竞争力的重要组成部分。今天，我们就来学习什么是企业文化，深入了解企业文化对于企业发展的意义。

一、企业文化的概念

企业文化，是一个企业在长期的生产经营和管理过程中所形成的具有鲜明特色的物质文明和精神文明的总和。

企业文化可分为四个层次：表层文化、浅层文化、中层文化、深层文化（图 5-1）。其中，深层文化是企业文化的主体、核心部分，表层文化、浅层文化、中层文化都受深层文化的影响。

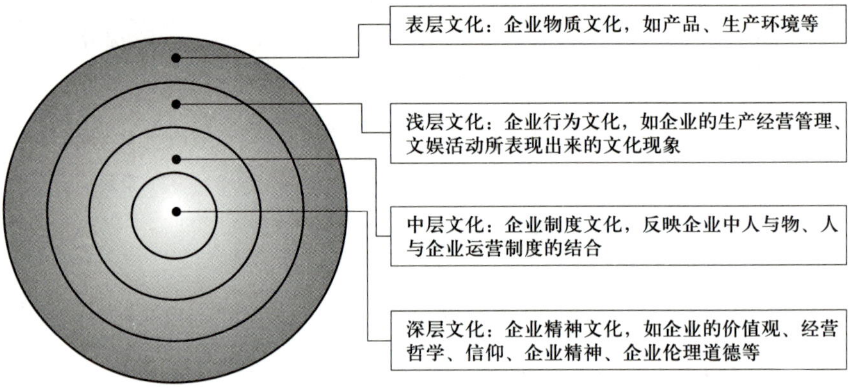

图 5-1 企业文化的层次

企业文化一般由企业家倡导，并经全体员工在长期的生产经营实践中培育形成。优秀的企业文化能够使企业成为一个具有高度凝聚力的组织，使员工在共同的价值观念的指导下发挥主观能动性，努力做好各自的工作，将个人目标与企业目标融为一体。

议一议

以你所向往的某个企业或本专业的合作企业为例，说说该企业的表层文化、浅层文化、中层文化、深层文化有哪些体现。

二、企业文化的功能

企业文化是一种潜在的生产力，是激励企业求生存求发展的精神源泉。它具有以下功能。

1. 导向和规范

企业文化是对所有员工的价值观、目标与共同的利益的统一要求和反映。它必然对企业内部的全体员工有一种强烈的感召力，把员工的言行引导到企业所确定的目标上来。

企业文化是非强制性和不成文的行为准则，通过培养员工的荣誉感、自豪感、归属感和责任感等情感因素而让其形成自觉规范。在企业特定的文化氛围中，员工由于符合企业准则受到承认、赞扬而获得身心的满足与平衡；反之，则会产生失落感和挫折感。因此，企业员工往往会自觉遵从企业文化。

2. 凝聚和激励

企业文化使员工改变原来只从个人角度出发的行为意识，使员工对企业所承担的社会职责和企业目标产生深刻的理解和共识。企业文化是一种强有力的黏合剂，从各个方面、各个层次将员工团结起来，使企业具有一种巨大的向心力，使员工有一种归属感。这种向心力和归属感可以转化为强大的推动力，促进企业的发展。

理想情况下，企业内部因企业文化团结一致，可形成“人人受重视，个个受尊重”的氛围。每位员工所做出的贡献，都会及时得到同事的赞赏、领导的青睐和集体的表扬，从而发挥出潜在的热情、干劲、能力和智慧。这种精神激励比物质激励适应性更广泛，作用更持久，能最大限度地激发企业员工的积极性和首创精神，使之为实现企业目标而努力奋斗。

3. 辐射和融合

企业文化对外是一种“自我表现”，它向社会展示企业自身良好的管理风格、经营状况及积极的精神风貌，从而塑造良好的企业形象，以赢得顾客和社会的承认与信赖，形成一笔巨大的无形资产。

企业文化的长期效果还在于对员工的思想、性格、情感产生影响，改变员工固有的思维定式和行为模式，并促使员工们互相沟通、理解，产生融洽的情感，从而利于协调企业内部人与人之间的关系，协调国家、社会、企业与员工之间的关系。

三、企业文化的核心内容

企业文化的内容是十分丰富和广泛的。这里主要介绍以下几点。

1. 企业使命

（1）定义

企业使命是企业在社会经济发展中所要担当的角色和责任，是企业的根本性质和存在的理由。企业使命不仅回答了“我们（企业）是做什么的”，更重要的是回答“我们（企业）为什么这样做”。

（2）作用

每个想要长久发展的企业，都要确定自身的使命。崇高、明确、富有感召力的使命，不仅能为企业指明方向，而且能使每一位成员明确工作的意义，从而激发出内心深处的动机。事实证明，那些一代代经历了各种变迁而成员依然紧密团结、走向辉煌的企业，都拥有一个全体员工共同高举的战略旗帜——企业使命。当大家齐心协力认清责任、拥有共同信念时，就会爆发出极大的能量，克服诸多意想不到的困难。

练一练

参照示例，查找资料，在表 5-1 中填写你所知道的企业使命。

表 5-1　企业使命

企业名称	企业使命
中国航天科工	科技强军、航天报国
中国移动通信	创无限通信世界，做信息社会栋梁
格力电器	弘扬工业精神，追求完美质量，提供专业服务，创造舒适环境

2. 企业愿景

（1）定义

企业愿景是企业为自己确定的可以实现的发展蓝图和远大目标。企业愿景不同于企业的战略目标，它并不明确告诉员工什么时间达成什么具体目标，而是对企业前景和发展方向进行一种意象性的描述，告诉员工“我们（企业）将成为什么”“我们（企业）去哪里”。

（2）作用

要使企业员工在企业前途问题上达到一致，最好的方式就是共同规划发展愿景，引导和激励员工面对具有不确定性和不稳定性的未来继续奋斗，勇往直前。一个明晰的企业愿景，是一种宏伟的承诺，使人们可以预见达成愿景后的样子，故而能够鼓舞员工竭尽全力为之奋斗。

练一练

参照示例，查找资料，在表 5-2 中填写你所知道的企业愿景。

表 5–2　企业愿景

企业名称	企业愿景
中国石油化工集团	建设具有较强国际竞争力的跨国能源化工公司
中国平安保险	以人民为中心，以民族复兴为己任，成为国际领先的综合金融、医疗健康服务提供商
百度	成为最懂用户，并能帮助人们成长的全球顶级高科技公司

3. 企业价值观

（1）定义

企业价值观是指企业在追求经营成功过程中所推崇的基本信念和奉行的基本准则。它回答“我们信奉什么”“我们该怎样行动”等问题。企业价值观包括多个层次，其中，企业核心价值观是指导企业所有行动的根深蒂固的原则，是企业文化的基石。

（2）作用

企业价值观是企业进行决策，确定企业基本战略、策略和方法，以及选择行为方式的指导方针。它决定了企业管理层和一般员工的行为取向。比如，管理者对企业经营策略、经营方式做出的选择，一般员工对具体业务的处理方式等。

（3）确定企业价值观的原则

企业价值观要符合国家、社会的利益，要适应长远发展。秉持只顾企业自身经济效益的价值观，就会偏离社会对企业的要求，不仅会损害国家和人民的利益，还会影响企业形象；秉持只顾眼前利益的价值观，就会急功近利、竭泽而渔，使企业失去后劲，发展难以为继。

练一练

参照示例，查找资料，在表 5-3 中填写你所知道的企业价值观。

表 5-3　企业价值观

企业名称	企业价值观
中国中铁	守正创新，行稳致远，向上向善，勇争一流
盛虹集团	品质、诚信、共赢
腾讯	正直、进取、合作、创新

4. 企业精神

（1）定义

企业精神是以企业价值观为基础，企业与企业员工在履行使命与追求愿景过程中所形成的思想境界和展现的精神风貌。企业精神要通过企业全体员工有意识的实践活动体现出来，是企业员工观念意识和进取心的外化。

（2）表达要求

企业精神通常用既富于哲理，又简洁明快的语言进行表达，便于员工铭记在心，起到激励和鞭策作用，也便于对外宣传，在社会上形成个性鲜明的企业形象。比如，北京王府井百货大楼的“一团火”精神，表达的意思是员工的行为像光和热一样，能照亮、温暖每一位顾客的心，其实质就是奉献服务。

（3）作用

企业精神对企业文化的凝聚力起极其重要的作用。企业精神能唤起强烈的团队意识，提升员工对企业目标的认同，增强员工对企业的归属感，使所有员工拧成一股劲，实施企业的经营策略，为实现企业目标而奋斗。

练一练

参照示例，查找资料，在表 5–4 中填写你所知道的企业精神。

表 5–4 企业精神

企业名称	企业精神
中国海运集团	爱我中海，勇创一流
华电国际电力股份有限公司	严细、高效、超越
联想集团	服务客户、精准求实、诚信共享、创业创新

5. 企业道德

（1）定义

企业道德是指调整本企业与其他企业之间、企业与顾客之间、企业内部员工之间关系的行为规范的总和。它从伦理关系的角度，以善与恶、公与私、荣与辱、诚实与虚伪等道德标准来评价和规范企业。比如，诚信经营，“不赚取不义之财”；尊重竞争对手，不诋毁竞争对手；愿意向其他企业转让技术，共同为社会做贡献；关心员工身心健康，关心员工成长成才等，都属于企业道德的范畴。

（2）作用

企业道德与法律规范和制度规范不同，不具有那样的强制性和约束力，但具有积极的示范效应和强烈的感染力，被员工认可和接受后具有自我约束的力量。因此，它具有更广泛的适应性，是约束企业和员工行为的重要手段。

6. 企业制度

（1）定义

企业制度体现了企业的价值观和企业道德，是在生产经营实践活动中所形成的，对员工的行为具有强制性，并能保障应有权利的各种规定。

（2）作用

企业制度作为职工行为规范的模式，使个人的活动得以合理进行，内外人际关系得以协调，员工的共同利益受到保护，从而使企业有序地组织员工为实现企业目标而努力。

7. 企业形象

（1）定义

企业形象是企业通过外部特征和经营实力表现出来的，被消费者或公众所认同的企业总体印象。企业形象包括表层形象和深层形象，见表 5–5。

表 5–5 企业形象的层次及关系

层次	内涵	举例	二者的关系
表层形象	由外部特征表现出来的企业的形象	如招牌、门面、徽标、广告、商标、服饰、经营环境等	表层形象以深层形象为基础，没有深层形象这个基础，表层形象就是虚假的，也不能长久地保持
深层形象	通过经营实力表现出来的形象，它是企业内部要素的集中体现	如人员素质、生产经营能力、管理水平、资本实力、产品质量等	

（2）作用

企业形象是企业的无形资产，它通过各种形式直接或间接地反映企业的精神面貌、文化底蕴、管理水平和发展前景等。企业形象策划有利于品牌形象识别，提升品牌竞争力。良好的企业形象可以提升消费者的忠诚度及信赖度，促进品牌经济利益提升。企业形象对员工的凝聚力起着非常重要的作用，它能使企业成员团结起来，形成强大的力量。

案例链接

北京西单商场（图 5–2）以“百姓商场”的理念来树立全心全意为顾客服务的企业形象。而这种形象的建立不能仅靠理念，要建立在优美的购物环境、可靠的商品质量、优质的客户服务、合理的价格基础上，要达到表层形象和深层形象的结合，才能赢得广大顾客的信任。

图 5–2　北京西单商场

思考与讨论：收集本案例之外企业建立自身形象的资料，或整理你自己的亲身经历，谈谈企业要树立怎样的形象，为此应采取怎样的具体措施。

知识卡片

企业视觉识别系统

企业视觉识别系统是指在企业经营理念的指导下，利用平面设计的手法，通过完整、系统的视觉传达体系，将企业理念、文化特质、服务内容、企业规范等抽象语意转换为具象符号，塑造出独特的企业形象。企业视觉识别系统是企业理念的外在表现，是企业形象和品牌形象持久发展的载体。

视觉识别系统包括基本要素系统和应用要素系统两个方面。基本要素系统主要包括企业名称、企业标志、标准字、标准色和辅助色、象征图案、吉祥物、宣传口号等。应用要素系统主要包括办公用品（如名片、办公用纸、笔记本、证书、手袋等），证件系统（如工作证、徽章、臂徽等），账票系统（如单据、报表等），制服系列（如冬夏工作服、佩饰等），指示符号（如指示、警示、告示、招牌等），办公环境（如楼梯道、会议室、车间、橱窗等），交通工具，产品应用（如商标、包装、标签、说明书等），广告应用系列等。

师生连线

学生：老师，通过本课学习，我们明白了企业文化的基本概念。我觉得企业文化建设主要靠企业经营管理者，比如企业使命、愿景、核心价值观的提出，都要由企业经营管理者去总结和提炼、宣传和推广，似乎跟我们一线员工关系不大？

教师：你说对了一半。确实，企业文化需要由企业经营管理者来构思和倡导，但如果这样的理念产生的企业文化，不能转化为员工的实践，能够持久吗？而且，我们不仅要做企业文化的实践者，还要做企业文化的宣传者，这样才能把企业文化弘扬好，发展好。

学生：哦，理解了。企业文化既需要企业经营管理者的倡导，又需要企业员工的实践，这样才能使企业文化生根、发芽、开花、结果。

教师：这样理解就全面了！下一课，我们将学习如何践行和弘扬企业文化。

第二课　将企业文化融入日常工作

学习目标

- 能够以企业价值观为导向确立行为准则。
- 能够将个人愿景与企业愿景统一起来，规划职业发展蓝图。
- 能够弘扬企业精神，勇担企业使命。

翻转课堂

小张和小李从技校毕业后一起来到某公司上班。该公司每周都会组织员工开展线上业余学习培训活动。

小张想自己已经是高级工了，现在岗位上的工作都能应付，况且这种培训也不能提升自己的学历，觉得可有可无。尽管公司领导多次强调公司把建设学习型企业作为重要任务，重视员工继续教育，但小张还是不太重视。

小李发现公司老员工都很重视这项培训，他自己也发现能从中学到不少新知识、新技能，所以每次听得都很认真，不仅记笔记，还经常到车间实践新学到的技能，遇到问题就向公司的技术人员请教。在公司组织的学习交流活动中，他总是认真准备，积极发言。

一年后，公司举行技能比武活动，小李获得了新人组第一名，不仅得到了公司的嘉奖，还被选入公司的技术创新小组。不到两年，小李就获得了职位晋升。小张这才发现自己落伍了，开始融入学习的队伍。

思考与讨论：小张和小李同时入职，小张的发展为什么滞后于小李？你从中获得了哪些启示？

本课导读

- **将企业文化融入日常工作**
  - 以企业价值观为导向，确立行为准则
    - 将自身价值观与企业价值观统一起来
    - 在实践中不断调整优化我们的行为准则
    - 以积极主动的行为丰富和深化企业文化内涵
  - 以企业愿景为引领，规划职业发展蓝图
    - 找到两个愿景之间的联系和共同点，并强化对共同愿景的认知
    - 以企业愿景为参考和依托，制订个人职业生涯规划
    - 以企业价值观为指导，规范追求个人愿景的行为
  - 以企业精神为支撑，勇担企业使命
    - 勇于担当，以企业使命为自己的使命
    - 做好平凡事，以实干精神担当企业使命
    - 弘扬企业精神，激发奋进力量

师生连线

教师：小张和小李本来在同一起跑线上，小李现在领先一步，原因是什么？

学生：显而易见，他没把公司安排的学习培训当成一回事。

教师：公司领导多次强调公司重视学习型企业建设，公司老员工也重视这项活动，而小张却敷衍了事，这表明他没有融入公司的学习文化。

学生：新到一个公司，有些人可能坚持自己固有的思维，不能适应新的氛围吧。

教师：作为新员工，起初我们可能并不完全了解企业的文化，但我们首先要做的是服从；当你接触和了解多了，才能逐步理解企业的文化，认同企业的文化。而这种认同也将促进我们自身的成长。小李用他的经历诠释这个道理。

学生：看来只有把企业文化当作一种信念，它才能转化为一种自觉行动融入日常工作，从而带动自身成长。

教师：你领悟得很深。

一、以企业价值观为导向，确立行为准则

企业价值观是企业决策者对企业性质、目标、经营方式的取向所做出的选择，是企业中占主导地位的管理意识，是把所有员工凝聚在一起的精神纽带。只有确立符合企业价值观的行为准则，才能使员工的行为符合企业发展需要，并使个人在企业中得到更好的发展。那么，我们怎样确立自身的行为准则呢？

1. 将自身价值观与企业价值观统一起来

要想让自身价值观与企业价值观相吻合，仅仅了解企业价值观是什么是不够的，还要深入理解和精准把握企业价值观的精髓。这就需要我们平日里积极参与企业文化的宣传实践活动，通过学习实践，领悟企业价值观的内涵、意义和要求，进而考量自身的价值观与企业价值观是否一致。通过比较，找到二者之间的共同点和分歧点，做到坚守和弘扬与企业价值观相同的方面，调整自身价值观中与企业价值观不一致的方面，使二者统一并落实到行动上。比如，企业把“用户至上”作为自己的价值观，那么我们在接到突击任务或遇到紧急情况时，是以用户利益为重，选择服从企业安排加班加点甚至不计得失、主动奉献，还是认为按照工作时间表上规定的时间上下班是理所当然的，到点走人，拒绝多干呢？如果是后者，那你就要修正你的价值观了，要知道企业的利益来自用户的需求和满意度，而企业的利益直接关乎我们个人的利益。

议一议

某企业把“今天最好的表现是明天最低的要求”作为核心价值观之一。如果你是该企业员工，你会怎样确定自己的行为准则？

2. 在实践中不断调整优化我们的行为准则

一个科学的行为准则并非一下子就能制定出来的，它往往需要经过实践的不断检验，经过无数次的调整、修正，才能够达到比较完善的地步并巩固下来。因此，我们必须在工作中对实践效果进行总结，将它与企业核心价值观进行比对，找到其中的差距和不足，进而不断优化我们的行为。只有这样，才能够使我们的思想与行为不断向企业所倡导的理念和原则靠拢，最终与企业核心价值观一脉相承，从而确保我们的日常工作不偏离正确的轨道。

议一议

小吴是某部门的办事员。有时，他明明感觉其他部门提供的数据可能存在问题，但他认为数据是其他部门提供的，他们负有审核的义务，正确与否与自己没有关系，所以不愿审核，拿来就用。因为数据不准确，造成了统计上的误差，主管在发现问题后多次提醒他要落实公司的责任文化，加强与其他部门的沟通，把好数据关。可是小吴一直改不了，还会犯同样的错误，后来因为重大失误被辞退。

你认为小吴犯同样错误的根源是什么？怎样才能避免犯同样的错误？

3. 以积极主动的行为丰富和深化企业文化内涵

企业文化与我们员工一样，有一个发展和完善的过程，在这一过程中也会存在一些不足和遗憾。因此，在制定自己的行为准则时，我们应该以更高的标准要求自己，从而对企业文化的发展产生积极的推动作用。比如，企业文化要求每一位员工都要保质保量完成本职工作，我们在确立自己的行为准则时，完全可以以这样的标准为基础，要求自己在完成自身工作的同时对同事施以援手，或是主动承担一些分外的工作。这样，我们才能够在以企业价值观为导向的同时，进一步发扬比企业文化要求更高的职业精神，而这种精神也会反过来推动企业文化的进步和发展，形成良性循环，推动企业和我们自身共同进步。

二、以企业愿景为引领，规划职业发展蓝图

企业愿景是对企业发展前景和方向的高度概括的描述，企业文化所倡导的核心价值观和企业精神也正是为了引领全体员工朝着这一方向前进。同时，每一个员工也都有着自己的奋斗目标，也都在为实现个人目标而不懈地努力。我们在追求个人目标的过程中，难免会遇到与企业发展需要发生冲突的情况。一旦发生这样的情况，如果我们不能把企业需要放在首位，在企业文化的引领下规范自己的思想和行为，就会影响企业整体目标的实现，也会使个人目标的实现遇到阻碍。正因如此，我们唯有对个人目标进行调整，把个人愿景与企业愿景有机结合，才能使我们在追求企业目标的同时更好地实现个人发展。

所谓调整目标，将企业愿景和个人愿景相结合，并不是让我们完全放弃个人目标。如果我们为了实现企业目标而完全放弃个人目标，那么不但不能让我们更加努力地推动企业目标的实现，相反还会使我们产生抵触情绪。我们提倡通过恰当、适度的调整，将个人目标融入企业愿景中，使二者协调起来。心理学家马斯洛说：“每一个自我实现的人都献身于某一事业、号召、使命和他们所热爱的工作。”每个想要实现自己抱负的员工，都要与企业保持一致的前进方向。那么，我们怎样使个人愿景与企业愿景统一起来呢？

1. 找到两个愿景之间的联系和共同点，并强化对共同愿景的认知

对于每一个企业员工来说，个人愿景或多或少都会与企业愿景相关联，否则我们也不会进入该企业。有时候，我们觉得个人愿景与企业愿景很难同步，主要是因为没有找到二者之间的联系和共同点。只有找到了这个联系和共同点，通过科学、合理的目标调整策略，才能够实现二者的同频共振。比如，我们希望获得更丰厚的收入来提升自己的生活水平，而企业的愿景是希望获得更多的利润得到更好的发展。我们要认识到，只有我们创造了更大的价值，企业利润才能得到更多的增长，而我们才能够获得更丰厚的回报。有了这种认识，我们就会更加主动热情地为企业创造价值，因为我们已经意识到企业利益与个人利益是息息相关的。

2. 以企业愿景为参考和依托，制定个人职业生涯规划

每个员工为了实现自己的职业目标，都会对自己的职业生涯进行规划，而这一规划将直接影响到员工在工作中的行为和面对抉择时的判断。如果要想让个人愿景与企业愿景有机结合，在制定职业生涯规划时就必须考虑企业的愿景，考虑企业的发展需要。如果我们只片面考虑自身的发展，或者仅顾眼前利益，就不会用心为企业效力，甚至可能做出与企业价值观背道而驰的事情。没有一个企业愿意收留一个游离于团队目标之外的人。如果不改变自己的行为和态度，到哪个企业都干不长久，何谈实现个人愿景呢？因此，只有将个人愿景与企业愿景统一起来，在追求个人职业发展的同时，坚守企业使命，放眼企业愿景，努力工作，创造价值，才能获得与期望接近甚至远超预期的结果。

议一议

有调查显示，近几年专科毕业生就业后半年内的离职率高达 30% 以上。某机构对本地区技工院校毕业生的调查也显示，有接近 10% 的技校毕业生就业后频繁更换工作。离职是一种正常的职场现象，导致员工离职的原因和动机也比较复杂。试从有助于个人职业发展的角度分析哪些离职动机不可取。如果你是离职员工的朋友，应该怎样劝说他？

3. 以企业价值观为指导，规范追求个人愿景的行为

一般来说，企业文化所宣扬的价值理念，往往是被整个社会所认可的，也是符合基本道德要求的。我们在追求职业理想的过程中，要时时注意以企业价值观作为准则，引领我们沿着正确的道路前行，避免出现某些思想和行为上的偏差。比如，企业文化要我们发扬互帮互助的精神，我们就不能只顾追求自己的个人目标而忽视同事的协助请求，不能只关注自己的职位晋升和薪资增长而忽视团队合作和共同进步的重要性，更不能以牺牲他人和团队的利益为代价来达到自己的个

人目的。如果我们的个人愿景是好的，那么实现愿景的手段也必须是光明的。如果我们只关注自己的利益和需要，漠视同事乃至团队的利益和需要，这不仅有悖于企业文化所宣传的价值理念，而且违反了做人的基本道德，其后果不仅仅会影响团队的文化建设，而且会影响到他人的发展及集体的利益。因此，我们不妨以企业价值观作为准则来衡量我们追求个人愿景的方法和手段是否正当，是否光明磊落，并及时矫正我们思想和行为上的偏差。

三、以企业精神为支撑，勇担企业使命

一个强有力的组织必须要靠使命驱动，而任何使命的完成都要依赖精神的支撑。作为企业员工，我们要理解、认同企业的使命，并以企业精神为鼓舞，积极履行责任，践行企业使命。

1. 勇于担当，以企业使命为自己的使命

企业是由员工组成的，企业使命的完成必须依赖所有员工的努力。从另外一个角度看，我们每个人都在自己的人生中扮演多重角色，而这些角色赋予了我们不同的使命，只有把所有使命都一一完成了，才算完成了个人的全部使命。因此，唯有勇于担当，肩负企业赋予我们的使命，才能使我们更好地完成自己的人生使命，让我们的人生变得完整。

2. 做好平凡事，以实干精神担当企业使命

实现使命的过程是由一件件平凡的小事串联起来的。只有我们每个人都勤勤恳恳地把岗位工作做好，把每一件平凡的事情做好，我们才能实现伟大的企业使命。

议一议

海尔集团创始人张瑞敏有这样一句话：“把每一件简单的事情做好，就是不简单；把每一件平凡的事情做好，就是不平凡。”你怎样理解这句话？

3. 弘扬企业精神，激发奋进力量

每一个使命的实现，都要以坚强的意志作为支撑，都要付出艰苦的努力。进入企业之后，随着对工作环境的逐渐熟悉，对工作技巧的逐步掌握，面对不断重复的工作内容，原有的新鲜感会逐渐消失，在这样的情况下，我们是选择懈怠不为还是积极工作？技术在不断进步，我们可能面临各种挑战，遇到各种困难，在这样的情况下，我们是选择躺平还是迎难而上？工作中还可能遇到各种各样的烦心事，如工作业绩的下降、工作环境条件的不如意，有时可能还会有来自领导的批评、同事的误解、客户的责难等，在这样的情况下，我们是选择逃离还是选择勇敢面对？这些都是职场中的常见现象，我们需要一种力量帮助我们坚持下去，这种力量就是企业精神。任何时候都要坚守企业核心价值观，以企业精神鼓舞自己、激发自己、约束自己、调整自己，始终保持良好的心态、积极进取的姿态和朝气蓬勃的精神风貌，用行动诠释企业精神，用奋斗践行企业使命。

议一议

大庆精神产生于20世纪60年代初举世闻名的大庆石油会战，是中华民族精神的重要组成部分。无论过去、现在，还是将来，大庆精神都是激励人们奋进的动力。查找资料，写出大庆精神的具体内容，并讲述几个体现大庆精神的感人故事。

师生连线

教师：通过本课学习，你觉得学习企业文化的关键是什么？

学生：关键在于不断调整自己的价值观和行为准则，使之与企业文化要求的价值观一致起来。

教师：你说的是内化。学习企业文化，不仅要内化于心，而且要外化于行。

学生：就是既要认同，又要践行，对吗？

教师：是的，学习企业文化的关键在于将认知运用到实践，通过实践来理解其本质内涵，并通过自身行动展现出来。一言以蔽之，要做到知行合一。

学生：“知行合一”说起来简单，做起来很难啊！

教师：是的，很难。这需要我们付出极大的努力和坚守，不断反思与总结，持续实践和改进。

第六单元

实现自我提升

资源是会枯竭的，唯有文化才会生生不息。……

这里的文化，不仅仅包含知识、技术、管理、情操等等，也包含了一切促进生产力发展的无形因素。

——《华为基本法》

企业是人的事业，文化是企业的灵魂。企业的竞争，归根结底是人的竞争，是文化的竞争。那些在市场竞争中永葆生机的企业都有一些共同的优秀特征，那些在企业里受到青睐的员工都有一些共同的优秀品质。

本单元将带你一起解码那些优秀的企业所具有的共同的文化基因，一起探寻那些优秀的员工所具有的共同的精神品质。

第一课　弘扬优秀企业文化

学习目标

- 理解企业家与企业文化、企业家精神与企业发展的关系。
- 学习胸怀家国、自强不息、员工为本、质量第一、客户至上、勇于创新、诚信守法等优秀企业文化，并贯彻到工作中，落实到行动上。

翻转课堂

华为创立于1987年，是从一家小公司起步的，目前是全球领先的信息与通信解决方案供应商。“资源是会枯竭的，唯有文化才会生生不息。”华为的发展与其创始人、领导者任正非所具有的企业家精神及其所倡导的华为文化密不可分。由任正非亲自主持设计的《华为基本法》是华为的管理大纲和文化宪章。“实现顾客的梦想”“用我们卓越的产品自立于世界通信列强之林”“责任意识、创新精神、敬业精神与团结合作精神是我们企业文化的精髓”“华为以产业报国和科教兴国为己任”等耳熟能详的箴言，已成为指导华为全员的心理契约，也是使华为成为世界级标杆企业的管理哲学。

思考与讨论：查找资料，了解华为的发展简史及华为企业文化的主要特点，说说企业家与企业文化、企业家精神与企业发展的关系。

本课导读

- 弘扬优秀企业文化
  - 胸怀家国
    - 肩扛强国之责
    - 胸怀社会责任
  - 自强不息
    - 居安思危，积极进取
    - 直面困厄，勇往直前
  - 员工为本
  - 质量第一
    - 质量是企业最基本的社会责任
    - 质量是企业的硬实力
    - 质量事关强国大业
  - 客户至上
  - 勇于创新
    - 创新是企业的生命力
    - 创新事关民族复兴大业
  - 诚信守法

师生连线

教师：有关华为的新闻和故事，大家应该知道一些吧。华为为什么能够得到大家的关注呢？

学生：我觉得主要有以下几点：第一，华为把“产业报国”作为自己的使命；第二，华为始终有极强的危机意识和不服输的精神，自我挑战极限生存；第三，华为坚持自主创新和技术突破，成为行业领跑者，也让中国在全球科技舞台上崭露头角；第四，华为坚持以客户为中心，努力为客户提供及时、准确、优质、低成本的服务。

教师：你概括得很准确。华为的企业文化与其创始人、领导者任正非有着怎样的关系？企业文化对华为的发展起着怎样的作用？

学生：任正非是一位具有卓越领导才能和创新精神的企业家。正是由于他的倡导和推动，才形成了独具特色的华为企业文化，也正由于这种文化使华为在经营发展过程中克服一个又一个困难，攀登一个又一个高峰，成为行业的引领者，成为中国企业的骄傲。

教师：华为是一个例子。尽管每个企业家的性格、经历和学识各有差异，但优秀的企业家都有一些共同的精神特质，如自信、坚毅、严谨、开放、善学、创新等，优秀的企业都有一些共同的文化特性，如胸怀家国、自强不息、员工为本、质量第一、客户至上、勇于创新、诚信守法等。弘扬企业文化，就是要弘扬这些优秀的共性因子。

一、胸怀家国

胸怀家国，就是心胸开阔，志向远大，心系国家繁荣富强、社会和谐稳定、人民幸福安康。2020 年 7 月，习近平在企业家座谈会上强调，“优秀企业家必须对国家、对民族怀有崇高使命感和强烈责任感，把企业发展同国家繁荣、民族兴盛、人民幸福紧密结合在一起，主动为国担当、为国分忧”。所谓胸怀家国，主要包括两方面的含义：

1. 肩扛强国之责

家是最小国，国是千万家，无论是国有企业还是民营企业，都负有强国重任。习近平在企业家座谈会上指出：“企业家爱国有多种实现形式，但首先是办好一流企业，带领企业奋力拼搏、力争一流，实现质量更好、效益更高、竞争力更强、影响力更大的发展。”

胸怀家国，就是要创造优质的产品与服务，主动服务于国家重大战略需求，不断满足人民日益增长的美好生活需要，推动经济增长，促进民生改善。一个优秀的企业始终把企业发展与祖国建设发展及广大人民群众的需要相结合，以产业报国、实业强国为己任，助力中国式现代化发展进程。比如，《华为基本法》第四条写道“爱祖国、爱人民、爱事业和爱生活是我们凝聚力的源泉”，第七条写道“华为以产业报国和科教兴国为己任，以公司的发展为所在社区作出贡献”。又如，浙江荣盛集团以“坚持实业报国，引领行业发展”为使命，中国船舶集团以“引领行业发展，支撑国防建设，服务国家战略”为使命，高举产业报国、振兴民族工业的伟大旗帜。

案例链接

20世纪初，长江上游的航运几乎完全由帝国主义国家的轮船公司控制，所有这些轮船的桅杆上，几乎看不到一面中国旗。爱国实业家卢作孚（图6–1）看到此番情景，心头不禁涌起一股愤怒的热流，他暗下决心：一定要尽自己的一切力量，把外国轮船从长江上赶出去。1926年，卢作孚以5万元为资本，从一条小火轮起家，创办民生轮船公司。卢作孚提倡“个人为事业服务，事业为社会服务，个人的服务是超报酬的，事业的服务是超经济的”，确立了“服务社会，便利人群，开发产业，富强国家”的经营宗旨。经过艰苦创业，苦心经营，民生轮船公司最终在长江航运竞争中夺得优势地位，并在远东海洋运输中崭露头角，被美国航运业称为“奇迹”，被日本同行视为“对手”。1956年，民生轮船公司并入国营长江航运管理局。毛泽东评价他是“中国近代史上万万不可忘记的人”。

图6–1　爱国实业家卢作孚

思考与讨论：民生轮船公司船舱和职工宿舍床单上，都印有卢作孚先生的一副对联“作息均有人群至乐，梦寐勿忘国家大难”，联系实际，谈谈你对这副对联的理解。

2. 胸怀社会责任

社会是企业利益的来源，企业在利用社会发展契机创造利润、追求自身利益的同时，也应该主动回报社会、奉献社会，促进社会的和谐进步。一个伟大的企业始终把服务社会、造福人类、改变生活等作为自己的崇高使命。只有积极履行社会责任，努力塑造有益于人民、有益于社会的良好形象，才能得到社会的广泛支持，从而获得持久发展。

企业社会责任除了创造和生产物质文明和精神文明，把高质量的产品和服务以合理的价格提供给消费者之外，还包括：合法经营，依法纳税；稳定和扩大就业岗位；自觉保护生态环境，走绿色低碳发展道路；参与社会公益福利活动，救助社会中需要关心的群体等。

企业社会责任的履行，不仅需要企业经营管理者将这种理念融入企业战略管理，也需要广大员工一起实践。作为企业员工，我们要理解企业的社会责任，与企业一起担当作为，共同推动企业发展与社会进步更好地交融。

议一议

从贡献税收、创造就业岗位、绿色低碳发展等方面，分别举出几个企业履行社会责任的例子。

二、自强不息

“自强不息”出自《周易》中的“天行健，君子以自强不息”一句。这句话的意思是：大自然的运动刚强劲健，君子也应发挥主动性，勤勉不懈，踔厉奋发。自强不息是中华民族精神的基本品格。自强不息永远是一个企业不断走向辉煌的精神支柱。企业自强不息，主要包括以下两层含义：

1. 居安思危，积极进取

自强不息就是要有危机意识、忧患意识。人类已经进入数字经济时代，企业之间的竞争将越来越激烈。任何一个企业，处于逆境时，如果不思变革，发愤图强，必将走向衰亡；处于顺境时，如果安于现状，不思进取，必将行之不远。自强不息，就是居安思危，积极进取；就是心存长远，脚踏实地；就是适应时代，拥抱变化，善于寻找和把握机遇。每个优秀的企业都有一股向上的劲头，不断挑战自我，超越自我，勇立潮头。

议一议

杭州娃哈哈集团的企业精神是励精图治、艰苦奋斗、勇于开拓、自强不息。查找资料，讲述其发展历程中的故事，诠释其企业精神。

2. 直面困厄，勇往直前

每一个企业的经营发展都不是一帆风顺的，有困境，有挫折，往往盛衰起伏，变幻莫测。优秀的企业深知：今天的成就，不能保障明天的辉煌；今天的迷茫，也不会注定明天的失败。自强不息就是直面困厄，艰苦奋斗；就是迎难而上，寻求出路；就是坚定信念，砥砺前进。无论遭遇何种境况，只有始终保持激昂的斗志和冷静的头脑，才能一路披荆斩棘、拨云驱雾，开辟一片新天地。

议一议

查找资料，讲述几个在危机中变革图强的企业案例。

作为一名企业员工，我们应当从自强不息的企业精神中汲取奋进的力量，把个人的思想、行动统一到企业的发展战略中去，与企业同甘苦共命运，在企业发展中实现自身价值，在拼搏进取中创造人生辉煌。

三、员工为本

现代企业创立的基础是人，存在的关键是人，发展的根本也是人。因此，企业要把人作为企业发展的出发点和落脚点，落实人本管理的理念。只有珍视人、用好人、发展人，才能激发员工的积极性和创造力，促进企业更好发展。

所谓人本管理，就是确立以员工为中心的管理理念，最大程度地尊重员工、理解员工、信任员工、关爱员工、激励员工，善于调动每一个员工的积极性、主动性、创造性，以实现员工与企业的共同成长和发展。具体地说，人本管理包括以下举措：

（1）以人为中心，建立和谐的内部秩序；

（2）建立公平合理的人事制度，提升员工价值，激励员工发展；

（3）重视员工培训，不断提高员工适应市场竞争的能力和素质；

（4）实行民主管理，引导员工献计献策，鼓励员工讲真话、讲实话；

（5）维护员工合法权益，构建和谐劳动关系；

（6）改善劳动条件，保障员工在生产劳动过程中的安全和健康；

（7）关心员工心理健康，帮助员工缓解心理压力；

（8）关心员工生活，帮助员工解决实际困难；

（9）让员工共享企业发展成果，提高员工收入，增加员工福利，提高员工的幸福感和获得感；

（10）遵循尊重劳动、尊重知识、尊重人才、尊重创造的方针，努力营造相互尊重、彼此信任、积极进取、团结协作的组织氛围。

作为企业员工，我们则要珍惜企业为自己提供的就业机会和发展平台，以高度的主人翁意识做好岗位工作，把个人的发展与企业的发展结合起来，持续为企业创造价值。

案例链接

苏州固锝的“家文化”

苏州固锝电子股份有限公司是中国电子行业半导体十大知名企业之一。2009 年该公司开始尝试将中华优秀传统文化融入企业管理，不断探索并形成了“家文化”企业管理模式。

该公司在内部倡导和营造“家”的氛围，不仅把员工视为家人，而且关爱员工的家人。除了常见的福利项目外，固锝还提供一些特殊的关怀项目，比如：①午餐工作会。董事长、总经理午餐时和一线员工或基层干部一起用餐，倾听他们的意见。②关爱准妈妈和维护家庭和睦。在餐厅设立准妈妈专用软座，制定营养菜谱，赠送育儿书籍，上下班由志愿工作者陪伴。公司还开设了“如何做一个母亲”“夫妻相处之道”等 12 门专门教育课程。③关爱员工子女培育。女员工生育后有两年的育婴假，让她专心把孩子带好。④关爱员工长辈。每年中秋节公司给员工的长辈发月饼，连同员工自己写的一封信一并寄出。员工的父母和公公婆婆岳父岳母年龄在 80 岁以上的，公司给每位老人按月发放一定数额的养老金。⑤在当地医院建立固锝绿色通道，方便员工看病。

公司用真心、真爱营造家的氛围，让员工感到幸福和愉悦。员工因为感恩之心，便把企业的事当成自己家的事。一旦成为“家人”，他们就焕发出巨大的工作热情和积极的主人翁精神。

思考与讨论： 关注与你所学专业相关的企业在人本管理方面的案例，说说你最欣赏哪些企业的做法。

四、质量第一

在管理学上，质量是由一组固有特性组成的。这些固有特性是指满足客户和其他相关方的要求的特性，如产品性能、规格、交货期、服务质量、价格等，并由其满足要求的程度加以体现。通俗地说，质量就是产品或服务的优劣程度。

1. 质量是企业最基本的社会责任

企业通过向社会提供产品或服务获得利润。质量合格是企业的应有之责，质量优异是企业对社会的贡献。质量是最基本的诚信准则，是对客户和社会的一种承诺，是每一个企业应尽的义务。

2. 质量是企业的硬实力

质量是一切商品的基础。如果没有质量，谈什么品牌、发展、竞争都是空话。一个企业的产品无论其广告有多漂亮、包装有多华丽，但是如果没有质量，这个企业的生命将会是短暂的。一个企业不管其名气多响，品牌多么悠久，一旦放松了质量管理，就会被顾客抛弃、被市场无情淘汰。成功的企业始终把产品和服务质量视为企业的生命，不断开发满足人民生活需要的高质量的产品，赢得市场青睐，获得经济效益，使企业永远立于不败之地。

3. 质量事关强国大业

质量不仅事关消费者的权益和安全，事关企业的声誉和形象，更是事关强国大业。质量在深化国际合作与交往、树立国际品牌和声誉、降低对外贸易成本方面作用重大，是我国构筑国家竞争新优势的制胜法宝。只有树立“质量第一”的意识，强化质量建设，我们的产品才能得到世界的认可，我们的企业才能赢得世界的信赖，我国经济才能强盛不衰。

优秀的企业都十分注重企业质量文化的培育。所谓质量文化，是企业在生产经营活动中所形成的质量意识、质量精神、质量行为、质量价值观、质量形象以及企业所提供的产品或服务质量等的总和。作为企业员工，我们要充分认识企业质量文化建设的意义，牢固树立质量意识，在内心深处植入坚持高标准、追求零缺陷的质量理念，把每一项工作做到极致，共同打造以质量为核心竞争力的企业文化。

练一练

2023 年 2 月中共中央、国务院印发《质量强国建设纲要》。上网查阅文件，填写表 6-1。

表 6-1 《质量强国建设纲要》有关目标及其主要内容

有关目标	主要内容
产业质量竞争力持续增强	
产品、工程、服务质量水平显著提升	
品牌建设取得更大进展	

五、客户至上

客户至上，就是树立以客户为中心的思想，想客户之所想，急客户之所急，满足客户之所需。客户是企业利润的来源，如果丧失了客户，企业就失去了生存和发展的基础，因此，为客户提供卓越而周到的服务是企业发展的重要策略。

一提到服务，我们就会想起第三产业，比如宾馆、饭店、旅行社、娱乐场所等，很少会联想到第一产业和第二产业。事实上，服务的概念非常广泛，任何一个行业都存在服务，比如企业在售出家电或者汽车后要提供维修、保养等售后服务。

客户服务的一个目标是所提供的产品和服务要达到或超越客户的期待。这里有四个关键词：一是客户。即企业需要服务的对象，包括中间商和产品的终端消费者。二是需求。即客户对企业产品和服务质量的需求和期望。三是达到。即满足了客户的客观需求和心理期待。四是超越。即仅仅达到还不够，要做到最好，远远超出客户的期待，令其难忘。

客户服务的关键点是产品（包括质量、功能、价格、设计、包装等）是否让客户满意，服务（包括服务形式、服务态度、服务理念、服务行为、服务效果等）是否让客户感到周到和亲切。从表面来看，客户购买的是某个产品或服务项目，而实际购买的是一种满足感。他们不仅仅想要获得某个产品或某项服务，而且希望在获得这个产品或服务的同时获得心理满足。因此，只有做好服务工作，以真诚和温情打动消费者，培养“永久客户”，刺激客户重复购买，才能获得长远利益。相反，如果客户对产品或服务不满意，企业失去的不仅仅是这个客户，还有许多受其影响的潜在客户。

作为企业员工，我们应响应企业号召，树立客户至上的服务理念，始终以客户为中心，竭诚为客户服务，努力构建公平、诚信、相互认可的互动型市场关系，不断提升企业的品牌价值和竞争力。

议一议

说说你或你的家人在消费过程中曾经获得的优质服务，并说说你从中获得的启示。

六、勇于创新

创新是指为了满足市场需求而创造新产品、新技术、新服务、新思想、新方法的行为。创新是以新思维、新发明和新描述为特征的一种概念化过程，其目的是满足新的需求、解决现有问题、改善现状或开创前所未有的领域。企业要获得持久的生命力，就必须根据内外环境及市场发展趋势进行卓有成效的创新。

1. 创新是企业的生命力

在激烈的市场竞争机制下，一个企业要想保持旺盛的生命力、竞争力，实现可持续健康发展，必须不断创新。创新决定一个企业是行业的引领者还是模仿跟随者，而一味模仿跟随，终将行之不远。每个企业都要有创新的紧迫感。只有不断创新，才能提升生产和服务效率，提高产品和服务质量，创造新的产品和服务，拓展新的市场和业务领域，从而获得更多的市场份额。

2. 创新事关民族复兴大业

党和国家领导人反复强调："创新是一个民族进步的灵魂，是一个国家兴旺发达的不竭动力。"党的二十大报告把"实现高水平科技自立自强，进入创新型国家前列"作为2035年我国发展的总体目标之一，并提出"强化企业科技创新主体地位"。企业是经济活动的主要参与者、技术进步的主要推动者，企业对市场需求的反应最灵敏，对消费趋势的把握最及时，企业应义不容辞地发挥科技创新的主体作用。

企业创新的关键是将创新的理念植入公司的日常运营之中，建立一套系统化的创新机制。通常要从以下几个方面着手：一是发现人才，引进人才，培养人才，留住人才；二是完善设施设备，提供硬件保障；三是提供必需的研发经费；四是建立健全激励机制，加大对创新型人才的精神和物质奖励，激发员工的创新热情；五是与高校和科研机构开展产学研合作；六是打造学习型、创新型组织，营造创新氛围，开展群众性创新活动。

企业创新归根结底要依赖人。创新的实现需要具备创新思维、创新能力和创新实践三个方面的素质，需要人们不断学习和探索，具备勇于尝试、不怕失败的精神。作为企业员工，我们要树立创新意识，学习创新技法，培养创新能力，积极主动地参与到企业的创新活动中去。

案例链接

格力电器：坚持自主创新，掌握核心科技

格力电器成立于1991年。从一家默默无闻、年产不足2万台窗式空调的小厂起步，到成长为全球空调行业的领军企业、多元化科技型的全球工业制造集团，格力电器辉煌成就的背后，依靠的是科技创新。

格力电器自成立以来，就以“一个没有创新的企业是没有灵魂的企业；一个没有核心技术的企业是没有脊梁的企业；一个没有精品的企业是没有未来的企业”为座右铭。坚持自主创新，掌握核心科技，是格力电器的底气所在和实力来源。

核心科技，是买不来、要不来的。为了掌握核心科技，格力坚持自主研发，研发经费秉承“按需投入、不设上限”的理念，鼓励科研人员大胆创新、勇于尝试。同时，加大对科研人员的培养力度。自2012年以来，格力电器科研人员从5 600余人发展到今天的1.6万余人。

格力电器自主创新体系有一个突出的特点，就是把公司的普通员工培养成技术工人。即使普通技术工人也可能会在高精尖的工艺技术上成为专家。对人才的高度重视与培养，是塑造格力传奇的最大保证。

议一议

查找资料，举例说明技术工人的技术改造与技术创新对企业发展的贡献。

七、诚信守法

“诚者，天之道也；思诚者，人之道也。”诚信守法是企业最基本的行为准则。契约精神、法治意识是现代经济活动的重要意识规范，也是信用经济、法治经济的重要要求。

诚信是企业的立身之本。海尔集团创始人张瑞敏说：“一个企业要永续经营，首先要得到社会的承认、用户的承认。企业对用户真诚到永远，才有用户、社会对企业的回报，才能保证企业向前发展。”企业如果失去诚信，就会砸了招牌，被市场和消费者彻底抛弃。守法是企业经营的原则和底线。只有在法制的框架下市场才能有序运行，只有在法制的保障下企业才能安全、高效发展。倘因一时利欲熏心，不惜铤而走险违法经营，必然害人害己。任何一个企业都有责任和义务为社会提供优质的产品和真诚周到的服务，维护市场经济秩序稳定，促进社会文明进步。

诚信守法对企业的生产经营活动有以下具体要求：第一，加强自律，不使用劣质、廉价的生产材料，不生产、销售伪劣产品、有毒有害产品，不坑害人民群众；第二，产品和服务计量真实，价格公道，不赚黑心钱；第三，不做虚假广告和虚假宣传，不发布虚假业绩；第四，公平参与市场竞争，不诽谤或贬抑竞争对手，不采取不正当的手段占有市场，不迫使他人接受不平等或不合法的交易条件；第五，遵守合同，信守承诺，自觉维护顾客和合作伙伴的利益；第六，依法纳税，不做假账等。

商人无信不立，企业无法不正。那么，企业怎样才能做到诚信经营呢？首先，必须树立对生命、对道德、对法律的敬畏，自觉遵守《中华人民共和国产品质量法》《中华人民共和国消费者权益保护法》

等法律法规及行业规范。其次，需要加强生产过程和流通环节管理，提高质量控制，努力提高产品质量和服务品质。最后，企业应自觉接受工商行政管理机关和相关部门的监督，自觉接受广大消费者的监督，真诚面对消费者的投诉，对生产经营过程中发生的失误能认真反思、真诚道歉，并对消费者作出合理的补偿。

作为企业员工，我们要自觉培养诚信守法的品质，在生产经营活动中信守承诺，勇担责任，敢于与不正当的行为作斗争，自觉维护客户利益，自觉维护企业形象。

案例链接

德胜公司：视诚信为生命

德胜（苏州）洋楼有限公司是一家从事美制现代木结构住宅及公用建筑的研究、设计与建造施工的企业。“诚实、勤劳、有爱心、不走捷径”，是德胜公司始终坚持的核心价值观。

在德胜公司，诚信是一条底线，是绝对不能讨价还价的。员工不需要打卡上班，上下班的时间靠自己控制，你迟到早退一两次可以，但如果你总是耍这种小聪明，你离开德胜的日子也就近了。德胜的报销无须上级领导审批，但财务人员会提醒你，你需要对你的报销行为负责，一旦你有欺诈行为，将会为此付出昂贵的代价。在这里，每个人都需要为自己的信用负责。

作为一家建筑企业，德胜公司对质量上的诚信更是做到了不近人情的地步。某年夏天，甲方在工地验收时，发现有一座房子进门阳台的地砖有问题——里端和外端的长度不一样，里端一侧多出了十几厘米。但地砖的整体感觉没问题，因此甲方验收人员认为不影响质量，同意接收。但德胜公司高管知道此事后，马上决定返工，要求把这个阳台打掉重做！当时客户觉得不是大事，只是细节上的一点小问题，不是内行人根本看不出来，就觉得算了。但这位高管的态度非常坚决，说："这不是地砖合格不合格的问题，而是我们工人、技术员的手艺合不合格的问题。结果合格，但是建造过程、细节、方法不合格，就是手艺不合格。手艺不合格，就是砸我们的牌子，即使结果合格也没用。"公司连夜组织人员将阳台打掉重做。

德胜公司有一套严格的技术标准用来规范施工行为。比如，旋空调的塑料螺钉，不允许使用旋铁螺钉的方法做；工地上 3 寸的 L 形弯头，计划用 3 个，结果用了 5 个，得写出理由来；每 6 寸钉一个钉子，就不可以在 6.5 寸或 7 寸处钉钉子；楼里的一个死角，按程序要花 20 元的油漆，绝不可以偷工减料；钉石膏板要把施工者的名字写在板头上等。正是这些严苛的标准和规范，造就了德胜公司建造楼房的品质和声誉。

2022 年 8 月 27 日德胜公司举办成立 25 周年庆典。公司高管在致辞中说："我们虽然渺小，但我们会闪光；我们虽然平凡，但我们会有力量；我们虽然是普普通通的人，但我们会讲出落地有声的话语。"或许正是源于诚信，源于对品质至高无上的追求，才使德胜人有底气说出这样坚定的话语。

议一议

查找资料，再举几个诚信经营的企业案例，并说说你的体会。

师生连线

教师：本课我们学习了优秀企业的文化共性。这些优秀的文化因子是引领企业发展的旗帜。作为企业员工，我们应当如何践行和弘扬这些优秀的文化呢？

学生：首先，我们要学习和理解所在企业的文化；其次，要把企业所倡导的文化当成信条，用企业文化规范和引领自己的行为；最后，我们要善于学习和吸收其他优秀企业的文化，不断发展和完善所在企业的文化。

教师：你的观点很正确。只有学习和吸收所有优秀企业的文化，才能更好地丰富和发展所在企业的文化。此外，我们还要注意，企业文化不是一成不变的，也要与时俱进，因势而变，这样企业文化才具有持久的生命力。

第二课　塑造卓越员工品质

学习目标

- 认识卓越的员工队伍是一个企业发展壮大的根基。
- 学习和培养忠诚企业、恪守职责、尊崇制度、团队合作、学习创新等优秀品质，注重修炼形象，争做卓越员工。

翻转课堂

小丁和小杨毕业后一起应聘到某公司上班。公司根据薪酬制度给他们定了薪，他们的收入在同等技能水平的新员工中处于中等水平，但小丁觉得自己的收入没有达到期望的高水平。工作半年后，小丁听说有一家公司同样的岗位每月要多两三百元，就喊小杨离职一起去。小杨觉得自己刚刚适应现在的工作，这里的氛围也很好，又能够学到技术，相信通过自己的努力，将来一定会有好的发展，便婉拒了小丁。小丁到了新的公司，觉得这里的工作环境不够好，没到一年，又选择了离职。最近一次换单位，是因为小丁觉得自己不得志，上班期间心不在焉，被主管批评后离职的。就这样，毕业三年，小丁辗转换了三四家公司，可薪资并没有得到较大提高。相反，小杨在企业文化的熏陶之下兢兢业业，勤恳好学，因为工作出色当上了班组长，薪资也涨了近三成。

思考与讨论：你认为小丁频繁跳槽的根本原因是什么？这样频繁跳槽有哪些坏处？你对“小丁们”有哪些好的建议？

本课导读

塑造卓越员工品质

- 忠诚企业
  - 忠诚是员工应尽的责任和义务
  - 忠诚是企业最为重视的职业道德
  - 忠诚是员工事业走向成功的基石
- 恪守职责
  - 恪守职责是员工最基本的职业道德
  - 恪守职责是企业健康发展的保证
  - 恪守职责是员工自我增值的最大砝码
- 尊崇制度
  - 正确认识制度的价值和意义
  - 自觉遵守和严格执行制度
  - 坚决维护和不断完善制度
- 团队合作
- 学习创新
  - 增强学习意识，提高学习力
  - 增强创新意识，提高创新力
- 修炼形象

师生连线

教师：换工作是职场中的正常现象，但频繁跳槽，好不好？

学生：频繁跳槽会导致个人职业发展中断，无法形成较完整的职业经历和技能积累，不利于个人职业生涯发展。

教师：你的认识是正确的。当然，导致员工离职的原因很多，有企业的因素，也有个人的因素。像本案例中的小丁，他选择离职是企业的原因，还是个人的原因？

学生：个人原因。他总是想获得更高的报酬或更好的工作环境，这山望着那山高，不能在一个企业里安心地扎下根来。

教师：只考虑自己的利益，不顾及企业的发展，这样的员工能受企业的欢迎吗？

学生：当然不能。

教师：所有的企业都欢迎那些认同企业、热爱企业、踏实工作、勤勉自励的员工。没有卓越的员工，就不会有卓越的企业，而卓越的企业一定不会辜负每一位奋斗者。

一、忠诚企业

忠诚企业，就是认可企业的文化、环境，相信企业能为自己提供发展的机会和应得的报酬，不受外界诱惑的干扰，全身心地投入工作中，稳定、持续地为企业创造价值，在企业发展的同时实现个人发展。

1. 忠诚是员工应尽的责任和义务

在现代企业中，员工和企业之间是一种契约关系。这种关系建立在双方自愿签订的劳动合同的基础上，员工为企业提供劳动，遵守企业规章制度，为企业创造价值，企业给员工支付劳动报酬，提供各种福利。在这种关系中，员工和企业的权利和义务是明确的，双方都需要履行自己的责任。企业为员工提供了发展的机会和物质回报，提供了施展才华的舞台，员工应尽心尽力为企业工作，维护企业利益。所以说，忠诚是一种操守，是最基本的职业道德。

2. 忠诚是企业最为重视的职业道德

企业的生存和发展需要员工的能力和智慧，更需要员工的忠诚。因为只有忠诚，才会产生强烈的使命感、责任感，才能积极主动，担当作为，才能脚踏实地，勤奋工作，才能在任何时候不受外界的诱惑和干扰，始终维护企业的形象和利益。在一项面向优秀企业家的调查中，几乎所有的企业家都认为忠诚是一个员工最重要的品质。企业宁愿信任一个能力不强但却忠诚敬业的人，也不会重用一个朝秦暮楚、视忠诚为无物的人。因为能力可以通过培养获得，而要改变一个人的品质却很难。

3. 忠诚是员工事业走向成功的基石

忠诚是员工的立身之本、发展之基。对企业忠诚，实际就是对自己的事业忠诚，也是对自己个人前途的高度负责。一个人只有具备忠诚的品质，才能得到领导的信任和同事的尊重，才能为自己的发展创造机会，为自己带来更多的物质报酬和精神上的成就感。反之，如果缺乏忠诚，不仅得不到重用甚至会有被辞退的风险，即使能力再强，也无用武之地。可见，忠诚是个人成功的重要因素。

那么，作为企业员工，我们应当如何践行忠诚企业的价值观呢？

第一，要将忠诚内化为信念。“天下至德，莫大于忠”，忠诚就是认同企业的经营理念，将个人的命运与企业的兴衰紧紧联系在一起。一个企业的忠诚者会心怀感激地对待企业所给予的机会和福利，同时为企业的发展出谋划策，始终以主人翁的态度苦干实干，与企业同舟共济、荣辱与共。

第二，要将忠诚外化为行动。忠诚的外化就是使命至上，热情饱满，兢兢业业做好本职工作；就是高效执行，绝不推诿，不折不扣完成工作任务；就是充分发挥主动性、能动性，锐意进取，开拓创新；就是不利用职权之便为自己谋取私利；就是站在企业的立场上开展行动，时时保守企业秘密，处处维护企业的形象和利益。

二、恪守职责

职责是指在某个职务或岗位上应尽的责任。恪守职责，就是认真履行岗位职责，做好分内之事，出色地完成任务。恪守职责对员工个人发展和企业发展都具有重要意义。

1. 恪守职责是员工最基本的职业道德

恪守职责是职业赋予劳动者的使命，选择了工作就是选择了职责，我们没有任何理由推卸。“在其位，谋其政；在其职，尽其责”，忠于职守、勤勉尽责，是一名员工起码的职业操守和道德品质。

2. 恪守职责是企业健康发展的保证

企业是由一个个部门、一个个岗位构成的系统，每个部门、每个岗位都有其特定的工作职责。只有我们每一个人把岗位工作做好，才能保证企业的正常运转。企业需要有能力的员工，但更需要有责任心的员工。有了责任心，从事生产制造的员工，才能制造出好的产品；从事服务工作的员工，才能提供优质的服务。只有拥有一支具有敬业精神的员工队伍，企业才能在日益激烈的市场竞争中占得先机，取得业绩，赢得荣誉。

3. 恪守职责是员工自我增值的最大砝码

工作是人安身立命、实现自我价值之根本。一个人的责任心如何，决定了他在工作中的态度，决定了其工作的好坏和成败，决定了其人生的高度，所以人们常说“责任有多大，事业就有多大”。有了责任心，才会认真思考，勤奋工作；有了责任心，才会按时、按质、按量完成任务。只有把工作看成责任，圆满完成工作，才能获得更多的物质报酬，得到更多的提升机会，受到更多的社会尊重。一个人一旦缺乏责任意识，就会失去职场竞争的资本，更无事业可言。所以说，恪守职责是员工职业生涯发展的保证，是升华人生价值的内在力量。

练一练

许多企业明确将“忠于职守”“勤勉尽责”等字眼写入企业文化纲要。参照示例，查找资料，在表 6-2 中填写你所知道的企业责任文化。

表 6-2　企业责任文化

企业名称	有关责任文化的表述
一汽集团	其企业精神中包含“满腔热情，恪尽职守”“追求卓越，做到极致”等内容
恒力集团	《恒力文化纲要》提出：“在有效的沟通中，使员工‘干一行、爱一行、钻一行、成一行，对本职工作有高度的责任感，把工作当作一件快乐的事情’。”

那么，作为企业员工，我们应当怎样履行职责呢？

第一，热爱岗位。干一行，要爱一行。热爱岗位，看似平凡，实则高远。因为只有热爱岗位，才会在岗位上勤勤恳恳，不断地钻研学习，一丝不苟，精益求精。

第二，敬业奉献。干一行，要专一行。敬业，就是专心致志，心无旁骛。只有一心一意地专注于自己的工作，才能把工作干好。奉献，就是无私付出，不求回报。只有以工作为重，不计个人得失，才能尽心竭力，任劳任怨做好工作。

第三，勤勉钻研。干一行，要钻一行。一勤天下无难事。要养成积极、主动、勤勉的习惯，凡事不能“等、靠、拖”。要树立责任意识，脚踏实地，潜心钻研，艰苦奋斗，攻克难关。

第四，精益求精。干一行，要精一行。精益求精就是追求卓越，追求完美。既要有敬业的态度，还要有精业的本领，才能把每一件工作做到极致。

第五，敢于担当。干一行，要担一行。要勇于挑重担子、啃硬骨头、接烫手山芋，乐于挑战自我和突破自我，争当事业的开拓者。

第六，要有大局意识。要服从工作安排，并尽力做一些分外的工作。要有积极的补位意识，甘愿奉献，精诚团结，提升团队工作绩效。

三、尊崇制度

制度是要求大家共同遵守的办事规程或行动准则。企业经营管理者不仅需要根据企业的发展目标及管理实际，制定相应的行为规范和管理制度，而且要引导全体员工在实践中不断强化，努力转变员工的思想观念及行为模式。那么，作为企业员工，我们应当如何培养自己的制度意识，增强制度执行力，使尊崇制度成为习惯，让习惯形成文化呢?

1. 正确认识制度的价值和意义

（1）制度是企业价值观的体现

每个企业都有自己的价值观念和经营理念，而制度就是把这些价值观念和经营理念以文字形式明确下来的外在表现形式。制度可以将企业的价值观念和经营理念“化虚为实”，把它们充分转化为企业的日常管理，融合到管理与操作流程之中。所以，我们必须认识到，制度是企业价值观的体现，是企业精神文化的基础和载体，认同企业制度就是认同企业的价值观、经营哲学和企业精神，要从这个高度来认识和理解制度的价值和意义。

（2）制度是企业经营管理的依据

企业是一个复杂的系统，要使这个系统正常有序地运转，就必须有制度的引导、约束和保障。无论是组织机构设置、岗位职责确立、生产运营管理、员工薪酬分配、管理干部选拔等，都要通过制度的形式明确下来并具体实施。从这个角度看，制度是企业的管理工具，是企业经济效益和社会效益的保障。作为员工，我们要认识到，只有实现制度管理，企业才能得到发展，只有企业发展了，才能惠及自身。

案例链接

远大空调的制度化管理

远大空调有限公司成立于1988年，是一家民营企业。为了使公司管理制度化、规范化，远大空调在行业内率先成立了一个独立的制度化统筹委员会，专门负责涉及日常管理方面的各类规章制度的编写以及各类表格的修订。远大空调用了六年时间建立了一个庞大而有效的制度体系。

远大空调的制度化文件涉及员工的工作、生活和行为规范。当时公司共制定文件496个，计2 873条、9 000多款，共计60多万字。此外，他们还编制了应用表格669个。每份表格附有填表方法、传递方式、批准程序、执行要求等，覆盖到了每一个员工的每一项工作。每一个员工的每一项活动都可以找到相应的表格来指导执行。在车间里有告示牌，告诉你工作流程、你所担负的责任、你需要完成的任务；在宿舍里有环境及生活告示牌，告诉你清洁、用电和作息时间等；如果你要出差，你可以随手从表格箱里拿一张表格，上面有几十项目录：你该带什么东西，该做什么，该汇报什么，都一一注明。

在远大，制度的执行已经成为员工共同的使命。从生产到非生产，从大事到小事，每一项工作都精益求精、追求完美。

思考与讨论：远大空调制度化管理具有哪些特点？这种管理模式对企业和员工各有哪些好处？

（3）制度是员工的行为准则

企业的发展靠人，而人的管理靠制度。员工要遵循什么样的规定，哪些可以做，哪些不可以做，应该怎样做，这样做会有什么好处，不这样做会有什么后果，这些都要通过制度来引导、约束和规范。正因为制度具有约束性、强制性，可能会使一些员工觉得制度是限制自己“自由”的枷锁，对制度怀有一定的抵触情绪。这是因为他们没有认识制度在起约束作用的同时，也起着保护和关怀的作用。制度既是管理的一把锁，也是一种严肃的爱。比如，企业制度中有不少内容是关于工作规程的，我们照着做了，就可以顺利完成工作，避免走弯路，避免出现不良后果；还有不少内容是关于行为规范的，我们照着去做，就能改掉身上的一些坏毛病，养成良好的行为品质，成为一个知礼仪、懂规矩、守法纪、有修养的人。

2. 自觉遵守和严格执行制度

作为企业员工，我们要尊崇制度、敬畏制度，主动学习制度，自觉遵守制度，严格执行制度，坚决维护制度，要从自身做起，从小事做起，持之以恒，始终如一。

（1）从自身做起

制度就是企业的内部法，每一个员工都有遵守的义务和责任，要把自己的言行置于制度的轨道之内，做人正直，做事合规，让遵守制度成为一种习惯。无论有没有人在场，无论有没有人监督，都能严于律己，从不放松。既要杜绝主动违反制度的行为发生，又要避免在无意间触碰制度的红线。只有我们自身做好了，才能向外界传达自己尊崇制度、遵守制度的态度，从而感染和带动周围的人，推动敬畏制度、规矩行事的文化的形成。

（2）从小事做起

要将制度落实到每一项工作和日常生活中，即使在细微处也要做到绝不违反。有些员工觉得在小事上违反制度不会产生什么严重后果，不把制度当回事，明知故犯。这种做法是非常危险的，大的问题都是由小的问题积累而成的。在小事上违反制度，将来很可能在重大工作中犯错误，导致严重的后果。在小事上不重视制度，还会养成不遵守制度的坏习惯。这种坏习惯一旦养成，就会在无意识中违反企业的各种规章制度，最终可能导致难以预料的恶果。“千里之堤，溃于蚁穴”，只有防微杜渐，才能避免酿成大错。

（3）持之以恒，始终如一

遵守制度是我们始终要坚定贯彻的原则。对于大多数人来说，在一段时间内做到严于律己并非难事，而难的是始终如一，毫不懈怠。有些员工工作时间久了，制度意识就会淡薄。这主要有两个原因：一是觉得自己的工作能力强了，认为自己有违反规章制度也不会引发后果的“资本”；二是认为有些规章制度是“多此一举”，觉得在实际工作中根本没有实际意义。这样的想法十分危险，它很可能让你在不经意间犯下大错。所以，任何时候我们都要谨记制度要求，保持高度的警惕性。最好每过一段时间进行一次回头看，反省自己有没有违反制度的行为，尤其是那些不经意间发生的行为。如果有，要坚决地纠正过来。只有时时心存敬畏，手持戒尺，勤于自省，始终如一，才能使遵守制度成为一种文化自觉。

3. 坚决维护和不断完善制度

（1）坚决维护制度权威

制度文化的形成，需要全体员工对规章制度的反复执行和坚持。我们在做遵守制度的楷模的同时，也要抵制身边违反制度的行为，维护企业制度的权威。企业不可能时时处处都对每一个员工进行监督，而有些人也并非时时处处都能自觉遵守制度，这就需要员工之间相互监督。当违反制度的行为发生并没有被企业发现时，我们应该本着对他人负责的态度，本着维护制度权威的态度，对这些行为进行制止或举报，才能增强员工的敬畏之心，强化员工的规则意识，企业制度文化才能得到更好地传播和弘扬。

议一议

有人认为，向上级或有关部门反映员工的违纪情况是"打小报告"，对此你是怎么看的？

（2）尽己所能帮助企业完善制度

没有任何一个企业可以一劳永逸地制定出健全的制度。因为不管企业管理者考虑得多么周全，总会有疏忽或考虑不到的地方。况且，随着企业的发展与外界环境的变化，原先的一些制度也会难以适应企业发展的需要，需要及时修订。企业制度的制定、修订并不完全是企业管理者的事情，作为企业的一员，我们也有责任参与企业的制度建设。作为生产服务一线的员工，我们在实际工作中更易发现企业哪些制度需要完善、怎样完善。我们要培养在工作中发现现有制度存在的不足或漏洞的意识，善于找准制度优化的关键点，帮助企业完善制度，提高企业管理的科学化、制度化、规范化水平。

四、团队合作

团队合作是指一群有共同信念的人在特定的团队中，为了一个共同的目标既有分工又有协作、相互支持、共同奋斗的行为和过程。团队合作能够调动团队成员的所有资源和才智，激发出不可思议的力量，正所谓"同心山成玉，协力土变金"。正因如此，现代企业十分看重员工的团队合作能力，不仅在员工招聘时把团队合作能力作为考量的标准之一，还把团队精神和团队合作能力作为员工培训的重要内容，作为员工考核的重要指标。

案例链接

直播间背后的团队

成功的带货主播可以在短时间内引导成交额大幅提升。然而，所有的光鲜背后，都离不开整个团队的合作。主播背后的直播团队成员一般不少于10人。他们的角色有很多，产品审核、广告推广、美工、技术、质量品控、副主播等，每个岗位都有明确的职责。每一个人都要清楚整个工作流程是怎样的，目前进行到了什么环节，自己负责的事项是什么，哪些事是可以自行决定的，哪些事需要其他工作岗位的配合。清楚了这些，才能把配角的工作做好，才能使整个团队取得成功。

思考与讨论：不是所有的员工都能成为最耀眼的明星。假如团队需要你做配角，你将如何完成自己的工作？

那么，作为企业员工，我们应该如何提升自己的团队意识和合作能力呢？下面十条建议，可供我们参考。

第一，树立全局观念。根据团队的目标和任务以及个人的能力和性格给自己在团队中合理定位。要考虑团队的工作需要，服从分工，甘当配角，不要总想成为团队中的明星。

第二，彼此尊重与信任。这是团队合作的基础。每个人都是独特的，人与人之间有着性格与气质、兴趣与爱好的差异，要相互尊重，彼此宽容。信任能让人放下顾虑，积极地投入团队工作中；反之，如果相互猜疑甚至诋毁，所产生的负面能量足以瓦解团队。要学会欣赏他人，学会换位思考，彼此坦诚相待，营造和谐融洽的气氛。

第三，团结协作。最好的团结就是在团队目标统领下，既有分工又有合作，各尽己能，配合工作。如果需要帮助，就请求别人帮助；如果别人需要你的帮助，就提供你的帮助。

第四，敬业尽责。所有团队都要求成员具有敬业奉献的品质。因为有了敬业精神，才能把团队的事情当成自己的事情，充分发挥主观能动性，为实现团队的目标而努力。

第五，积极主动。没有一个团队喜欢只知道“等待”的人。我们不应该被动地等待别人告诉自己做什么，而应该主动了解团队需要自己做什么，然后进行周密规划，全力以赴地去完成。

第六，勇担责任。工作中难免出现失误。如果工作出现失误，要勇于承担责任，不找任何借口，也不将过错归咎于他人。要勇于改正错误，做问题的“终结者”。

第七，善于沟通。开诚布公地交流与沟通是团队合作中重要的环节。既要善于倾听，准确地把握对方的意图，又要抓住时机，表达自己的想法，使大家理解你的思路。

第八，谦虚谨慎。法国哲学家罗西法古曾说：“如果你要得到仇人，就表现得比你的仇人优越；如果你要得到朋友，就要让你的朋友表现得比你优越。”所以，对自己的成绩和贡献要轻描淡写，对他人的成绩和贡献要积极赞赏，这样我们才会受到别人的欢迎，团队才能形成融洽的气氛。

第九，接受批评。如果团队中有成员对你的错误进行批评，即使带有强烈的感情色彩，也不要与之争论不休，而要从积极的方面来理解他的批评。这样，不仅能避免语言敌对场面的出现，也能对你改正错误有所帮助。

第十，培养团队冲突处理能力。团队冲突是团队发展中的普遍现象，优秀的团队合作能力应该包括处理冲突的能力。处理团队冲突要因人因事，讲究策略，灵活处置。

五、学习创新

当今社会，科技进步日新月异，市场竞争日趋激烈，一个企业如果不重视员工的学习培训及创新能力的培养，就会被市场淘汰。实践证明，凡是注重员工学习和创新的企业，都能在原有基础上焕发出更强的活力。

学习力、创新力的本质是竞争力。对于企业员工来说，同样如此。如果我们不注重学习和创新，就会被时代抛弃。无论是初出茅庐、渴望在某一行业获得成长与提升的“新兵”，还是在职场打拼多年、获得无数殊荣的行业精英，都要持续学习和创新，才能赶上时代发展的步伐。

1. 增强学习意识，提高学习力

一个人的学习成效是否显著，取决于其学习力的强弱。学习力的要素见表 6–3。

表 6–3　学习力三要素

要素	内涵
学习动力	是指自觉学习的内在驱动力，主要包括学习需要、学习情感和学习兴趣
学习毅力	是指自觉确定学习目标，主动克服各种困难，实现预定学习目标的状态。它是学习行为的保持因素
学习能力	是指由学习动力、学习毅力直接驱动而产生的接受新知识、新技能并用于分析问题、认识问题、解决问题的能力。它是产生学习力的基础因素

那么，我们怎样提高自己的学习力呢？

第一，要增强学习意识。现代社会新事物、新现象、新知识、新技能层出不穷。如果我们不加强学习，就跟不上时代发展的脚步，碰到新问题、新情况就不能运用新知识和新技能去解决，就会在工作中落伍。

第二，要了解科学技术发展的最新成果，把握行业发展的现状和趋势，结合企业转型升级需要，把握学习的重点和方向。

第三，要积极参加企业组织的相关培训，主动学习与企业生产经营领域相关的知识，并把知识学习、技术更新与岗位工作结合起来，提高实践应用能力。

2. 增强创新意识，提高创新力

创新力是在技术和各种实践活动领域中不断提供具有经济价值、社会价值、生态价值的新思想、新理论、新方法和新发明的能力。创新力的要素见表 6–4。

表 6–4　创新力四要素

要素	内涵
创新意识	是指人们根据社会和个体生活发展的需要，引起创造前所未有的事物或观念的动机，并在创造活动中表现出的意向、愿望和设想
创新精神	包括积极探索的开拓精神、敢于怀疑批判的科学精神
创新能力	包括创造性的思维能力与创造性的操作能力等
创新人格	是指具有广泛持久的探究兴趣、乐观开朗的情感、坚忍不拔的意志、敢于创新的独立人格

那么，怎样提高自己的创新力呢？

第一，要学习新知识和新技能。要通过不断的学习实践，增加知识储备，拓宽视野，激发创新思维，为开展创新活动奠定基础。

第二，要培养好奇心和探索精神。要对与产业发展相关的新事物、新领域始终保持好奇心和探索欲。要敢于怀疑和批判传统，敢于挑战权威，敢于探索未知的领域。

第三，要接受失败并从中学习。在创新的过程中难免会遇到失败，但一时的挫折并不代表你已经失败了。你可以从失败中学习，发现其中的问题，并尝试新的解决方案。

第四，善于通过合作解决问题。要积极参与企业组织的技术攻关项目，要注重通过与同事、同行的合作交流，获得更多的灵感和想法，共同完成一些创新项目或解决方案。

学习和创新是员工提升自身能力和竞争力的重要途径，也是推动企业持续健康稳定发展的内在要求。创建学习型、创新型组织，已成为企业界的共识。作为企业员工，我们要积极参与学习型、创新型班组创建活动，以自身成长助力企业可持续发展。

六、修炼形象

员工形象是员工在文化修养、专业能力、职业道德、精神风貌及仪容仪表等方面给他人及社会的整体印象。员工形象包括内在形象和外在形象两个方面。内在形象包括气质、性格、自我意识、意志品质、能力、道德素质、价值观、文化修养等；外在形象包括容貌、形体、服饰、言行举止、社交礼仪等。良好的形象是内在形象与外在形象的统一。

员工形象是员工文化水平、职业素养与道德品质的综合体现，对个体职业生涯的发展起着重要的作用。在职场上，个人形象不仅仅代表着身份，也会影响着你在他人心目中的形象，影响着别人对你的信任度和接纳度。形象的影响无所不在，与同事相处，它影响着你们是否合作愉快；与客户交往，它影响着你的业务是否顺畅。良好的形象不仅能够提升个人品牌价值，而且能提高自己的职业自信心。

员工形象是企业形象的重要组成部分，是企业形象人格化的体现，它从一个侧面反映了一个企业的员工在修养、能力等方面的总体素质。每一个员工都代表着企业的形象，如接电话、洽谈业务、危机处理，甚至在其朋友或邻居面前他们的言谈举止是大方得体，还是粗俗不堪，对企业是满怀信心、充满自豪，还是心灰意冷、怨声不断……这些都会影响到企业的整体形象，影响到社会大众对企业的评价和态度，影响到客户与合作者的满意度和美誉度，并最终影响到企业的经济效益和社会效益。因此，员工的形象修炼是企业文化建设的重要内容。

议一议

一位管理学家说："如果通过外表、行为和客户的关系，公司的职员能传达公司的价值，这个公司就是成功的企业。"谈谈你对这句话的理解。

作为企业员工，我们要认识到企业的荣誉与个人的荣誉息息相关，要牢记企业的核心价值观，遵守企业员工行为规范，自觉塑造良好形象，不做有损企业形象的事，不说有损企业形象的话，以实际行动及无声的语言体现企业文化的水平。那么，作为企业员工，我们应该怎样修炼自己的形象呢？

第一，要加强内在形象的修炼。俗话说："相由心生。"一个人的形象塑造，首先要从改变自己的内在形象开始。当你的内在形象改变的时候，外在形象自然就会改变。良好的形象绝不仅仅在于外在的包装，还在于内在品质的塑造。即使其貌不扬的人，也会因其高尚的品德、卓越的才能赢得人们的尊重。形象是一个人的言谈、表情、动作、气质、风度、品位等综合因素的体现，只有平时注重心性修炼和道德约束，建立高尚的情操、进取的精神和健康的价值观，同时注重自身的知识积累、能力积蓄和修养提高，才能做到卓尔不群。

第二，要加强外在形象的塑造。人的内在形象是一种精神表现，通常不能通过初步接触使人深入了解，而外在形象能够更为直接地为他人所认识，从而在人际交往和职业生活中扮演着重要的角色。因此，在加强内在修养的同时，也要注重外在形象的塑造，注意自己的形体、服饰、言谈举止、社交礼仪，把最好的自己展示给别人。

总之，我们要认识到自身形象对企业形象及个人事业发展的影响，内化于心，外化于行，做一位有修养、有品位、有风度、有魅力的现代职业人，共同塑造文明健康、积极向上的企业形象，助力企业基业长青。

师生连线

教师：大家还记得我们绪论的标题吗？

学生："做合格的企业人。"

教师：我们今天的课题又是什么呢？

学生："塑造卓越员工品质。"

教师："合格"与"卓越"有什么区别呢？

学生："合格"是基本的工作要求，而"卓越"是出色的工作追求。

教师：那么，我们怎样实现从"合格"到"卓越"的转变呢？

学生：当我们初入企业的时候，要尽快完成从学生到员工的角色转变，成为一个"合格"的员工；当我们适应了企业的工作和生活之后，就要以"卓越"为目标，深入了解企业，放眼企业未来，不断挑战自我，不断完善自我，使自己在工作表现、技术与能力、态度和价值观等方面都能达到更高的水平。

教师：很好！今天，这门课虽然结束了，但我们的职业生涯还未真正开始。书本上的知识是有限的，而企业实践的知识是无限的。希望大家就业之后，将书本知识与企业实践结合起来，通过不断的学习和积累、实践和反思、改进和提升，成长为企业的技术标兵和岗位能手，完成从合格员工到卓越员工的成长蜕变！